書くことを
仕事にして
自分らしく
稼ぐ
13の方法

ライターとして生きていく

中村昌弘
Webライターラボ 編著

KADOKAWA

どうしてWebライターになろうと思ったんですか？

会社員時代、
適応障害になったことで、
自分の気質に合わせて
働き方を変えることにしました

パンが大好きだから
「パン活ライター」に！

小1の壁！！！！

夫婦で共働きをしながらの
子育てに限界を感じたから

2人目の妊娠がきっかけで、
美容師から
美容系ライターに転身！

転職しようと50社に
エントリーしたものの1社も通らず。
思い切って
Webライターの世界に飛び込みました

ブラック企業の激務に
耐えられず……！
10年頑張りました

コロナ禍で
家にこもっていたときに、
副業でできることを
探しました

家族団欒《だんらん》の時間が
取れない東京での生活に
消耗してしまって

会社の業績が悪化。
希望退職をして
50代で次の道に進むことに

シングルマザー、
コロナ禍での医療職。
精神的に参ってしまいました

「自分にもできそう！」と
はじめてみたら、
予想以上に合っていて本職に

好奇心です。
2人の娘の子育てが
終わったから、
新しい仕事にチャレンジ！

まえがき　ライターとして生きていく

会社員だった頃の話です。僕は毎日、息苦しいほど人が詰め込まれた満員電車で通勤していました。自宅からオフィスまでは1時間くらいでしたが、1時間30分かかる想定で家を出ていました。なぜなら、毎日のように途中下車して駅のトイレに駆け込んでいたからです。今思うとストレスにまみれた日々でした。

特に、苦手なクライアントと定例会議がある月曜日は、その前日から鬱々《うつうつ》としていました。明日に備えて早く寝たほうがいいのは分かっているのですが、寝たくないんですよ。寝ると明日がきてしまうから。だからついつい夜更かしをして、次の日に寝不足で目覚める。こんな負のループがつづきました。

結局、会社員をつづけることに限界を感じた僕は、8年間の会社員生活に終止符を打ち、フリーランスになる道を選びます。

申し遅れました。ライターの中村と申します。僕は2016年に、未経験からWebライターをはじめました。おかげさまで、今はこんなふうに著書も出せるようになり、独立してよかったと心から思っています。

ただ、未経験から全く畑違いの業界に飛び込んだので、決して順風満帆だったわけではありません。独立当初は実績もない状態なので、営業しても全然うまくいきませんでした。仕事がなく貯金を切り崩す日々。運よく仕事をいただけても、クライアントからダメ出しされて凹《へこ》んでいましたね。

フリーランスとして足りないことだらけでしたが、特にスキルが足りないと思ったので、ライティングに関する本を読み漁《あさ》ることにしました。そして、書籍に書いてあることを参考にしながら、記事を書きまくる日々を過ごします。

その甲斐《かい》もあってか、少しずつ単価が上がり仕事も増えた結果、独立して4年ほど経った頃に収入が安定してきました。その後は、クライアントやライター仲間に恵まれ、仕事には困らない状態になりました。ありがたいことに独立してから今年で10年目を迎えます。

フリーランス生活がここまでつづくと思っていなかったので、今の生活には何の不満もありません。上出来すぎるくらいです。

……が、実はひとつだけ後悔していることがあります。それは、「もっと早くからライター仲間と交流しておけばよかった」ということです。というのも、ネットに落ちていない生々しい情報は、同業者からしか得られないんですよ。それに気づくのが、あまりに遅すぎました。

生々しい情報とは、「こういうふうに営業したら取材の仕事をもらえた」「今はこのジャンルを書けるライターが重宝されている」「最近AIをこんなふうに使っている」といった、実体験に基づいた情報のことです。

こういう話は、炎上リスクがあったり、広まってほしくなかったりするので、SNSやブログでは発信できません。だから直接交流するしかないのです。

そのことを知らなかった僕は、独立してから4年7か月もの間、同業者と話したことすらありませんでした。もっと早く交流しておけば、収入が安定するまでにこれほどの時間はかからなかったと思います。

そんな僕の経験から、ライター同士が集まり、交流や学びを深められる場をつくりました。それが、オンラインコミュニティ「Ｗｅｂライターラボ」です。そして、そこに所属する現役ライター13人の生々しい体験談を形にしたのが、この本です。

本書には、ノウハウだけでなく、ライターをはじめたきっかけや、独立当初の不安、その乗り越え方などが書かれています。すべて実体験に基づいた現実的な話です。

本書を手に取ってくれた人の中には、まだＷｅｂライターをはじめていない人や、はじめているけど同業者と全く交流していない人もいるでしょう。

そんな人は、ぜひ本書を読むことで、彼ら、彼女らが歩んできた道を追体験してみてください。それはあなたがＷｅｂライターをはじめたときや、迷ったときにヒントとなるはずです。

6 派遣50社落ちた転職難から、第二のキャリアを切り開く

7 ブラック企業を退社し、自由を求めWebライターへ

13 2人の子育てを終え、50代から未経験の世界へ挑戦

スタッフクレジット

編集協力
岩崎大輔（とぼ）、梅澤浩太郎、大江佳子、
蒲原雄介（藤原友亮）、佐藤珠江、渋谷なみ、
手塚裕之、冨田裕子、ひがし、東本隼之、
福士智大、悠木まちゃ、ゆらり

デザイン　山之口正和＋永井里実＋高橋さくら
（OKIKATA）
DTP　山田マリア、向阪伸一（ニシ工芸）
校正　玄冬書林
編集　中島元子（KADOKAWA）

ライターになるまでの道のりは、人それぞれ。
これから紹介する13人の人生を疑似体験して、
自分にぴったりのやり方を見つけてください

合わないと思えば
また考え直して
舵《かじ》を切ることが大事

好きを仕事にするのは
容易ではない。
戦略を練ろう

本業と副業が
同じジャンルなのは
強みになる

オンライン秘書など、
Webライター以外の
選択肢もある

専門家を名乗ることで、
その名に恥じぬようにと努力が
できるようになる

バックオフィス系の仕事が
得意な人は、
Webライターに向いている

Webライターラボ主宰
中村昌弘

7

繊細な気質がゆえ会社員からWebライターの道へ

ゆらりさん

30代 | 女性 | パートナーと2人暮らし
X：@yurarigurashi

▲ パートナーとの旅行

ゆらりさんは、繊細な気質を抱えながら会社員として働いていたため、心身が消耗していきました。疲れが溜まると通勤中に吐き気をもよおしたり、業務中に理由もなく涙が出たりすることもあったそうです。これらは適応障害の症状だったようで、医者から指示を受けて休職しました。このような経験から「無事に復職したとしても、同じことを繰り返すかもしれない。だったら、心身の状態や気質に合わせて働き方を変えたほうがいいかも」と思い、Webライターをはじめることにしました。

繊細な気質をもつことから適応障害になり休職。退職してWebライターに転身し、自分らしく働くためにしたこと

繊細な気質をもち、体力がないことから会社勤めに限界を感じていたゆらりさん。適応障害という心の病気にかかり休職したことが原因で、会社を辞めてWebライターとして独立しました。現在は、心身の状態や気質に合わせた無理のない働き方を実現され、複数拠点でノマド生活を送っているとのこと。Webライターとしての活躍に加えて、自身の著書を出すまでに至っています。

そんなゆらりさんに、Webライターをはじめたきっかけ、会社員だった頃と比較した働き方の変化、仕事が途切れなくなるコツなどを伺いました。今の仕事に悩んでいる人や、繊細な気質をもっている人はぜひ読んでみてください。

心身のケアがうまくできず適応障害になり、Webライターへ転身

Q―Webライターをはじめたきっかけを教えてください。

会社員のときに心身のケアがうまくできず、適応障害という病気にかかったことです。もともと私は物事に対して敏感に反応する性格なので、刺激に弱く、さらに体力がない。数か月に一度は熱が出て、そのたびに1週間ほど会社を休んでいました。また、疲労が積み重なると、通勤中の電車内で吐き気をもよおしたり、仕事中に理由もなく涙が出てきたりということもありました。これらは適応障害の症状だったようで、しばらく仕事を休むようにお医者さんから指示を受けて休職した過去があります。

そのときに「復職したとしても、同じことを繰り返すかもしれない。だったら、心身の状態や気質に合わせて働き方を変えたほうがいいかも」と考えるようになっ

たんです。それから在宅でできる仕事をネットで探しました。

実は、最初はWebライターではなくブロガーになるつもりでした。「ブログを書けば、在宅で月30万稼げる」という記事を読んで、いいなと思ったからです。しかし、見よう見まねでブログをつくったものの、収益化はできませんでした。そんなときにYouTubeで「ブログとWebライターは相性がいい」と見て、ブログを軌道に乗せるまでのつなぎとしてWebライターをはじめました。

Q—Webライターをはじめたときは、どんな仕事をしていたのでしょうか?

最初の案件は、ミニマリストに関する記事です。過去に断捨離をした経験があったので、それをアピールしたら受注できました。その後もひたすら記事を書く日々を送り、数か月経った頃に「ブログよりもWebライターのほうが生計を立てやすいかもしれない」と気づいたんです。そこでWebライターに全振りすることを決めました。

しかし、頑張って仕事を受注しても、得られる収入は数万円ほど。どうしたらW

ebライターの仕事だけで生活できるようになるのか、全くイメージがわきませんでした。不安はありましたが、「毎月1~2万円ずつ収入を増やすことならできるかもしれない。時間がかかってもいいから、1年後に理想の収入が得られるように頑張ろう」というマインドに切り替え、仕事に臨むことにしました。

得意ジャンルや強みはなかったものの、試行錯誤の末ゆるやかに収入が増加

Q ― 実際に収入は上がっていきましたか?

ゆるやかでしたが、順調に上がっていきました。当時意識したのは、クライアントと直接つながることです。クラウドソーシングサイト（ネットで仕事を受発注できるサイト）を介して仕事を受注すると手数料が取られます。そのため直接つながったほうが報酬は上がりそうだと考えました。

Webライターに仕事を発注してくれるクライアントは、メディア運営者やマーケティング会社などです。その会社とつながる方法を探したところ、発注者と受注

者をつなげるプラットフォームを見つけたので、募集されていた案件にどんどん応募しました。

そのおかげで1年目が終わる頃には、Ｗｅｂライターをはじめたばかりの頃に比べると、単価が3倍まで上がりました。「このくらいの単価になれば、Ｗｅｂライターの仕事で生計を立てられそう！」と思ったことを覚えています。

Ｑ――２年目以降はどのように活動されたのでしょうか？

はじめは単価を上げることを意識しました。というのも、当時は低単価で仕事を受注していたので、とにかく記事を書くしかなかったんです。

だから「量をこなすだけではなく、もっと提供できる価値を明確にして単価を上げなくてはいけない」と思い、方向性を見直すことにしました。そこで考えたのが、自分の得意分野を活かすことです。

まずは、会社員だったときの知見を活かしてＩＴジャンルに特化しました。知識や経験を活かせたので、狙い通り単価は上がりましたが、あまり興味のあるジャンンルではなかったので、長くはつづきませんでしたね。

次に考えたことは、仕事の幅を広げることです。というのも、Webライターラボ主宰の中村さんがXで、「Webライターの仕事は幅広い。メルマガを書いたり、電子書籍を編集したりという仕事もある」という投稿をしていたんです。

それを見て、私も仕事の幅を広げたいと思い色々と調べてみました。すると、セミナーの記事化や校正など、今まで取り組んだことのない様々な案件が見つかりました。それ以降、どんどん未経験の仕事に挑戦していき、今はインタビューや書籍の執筆なども手掛けています。

このように、仕事の幅を広げたことにより「できる人が少ない仕事」をできるようになったので、単価は自然と上がっていきました。

Webライターは脳の体力が必要！繊細な気質との向き合い方

Q――仕事で体力や気力を削《そ》がれないために何か工夫していることはありますか？

疲れを溜めないために心がけているのは、自分の集中できる条件を把握すること です。

たとえば、私の場合は朝や夕方に集中力が高まるため、その時間帯に「記事の執筆」など集中力が必要な仕事をします。一方、集中力が落ちてくるランチタイムの後は、溜まっているメッセージを返したり、メールやSNSをチェックしたりと、少ないエネルギーでこなせる仕事をしています。細かいですが、このようなスケジューリングは重要です。

また、心身を安定させるために、自分の気質に合った仕事をすることも心がけています。たとえば、私は人と話すとすぐに疲れてしまうので、インタビューは1日1本程度にとどめたり、取材はせずに音源をもらって執筆部分だけを担当したりと、仕事の受け方も工夫しています。

Q ― 会社員のときのようなストレスを感じることはありますか？

以前感じていたようなストレスはほとんどありません。会社勤めだったときはコロナ前だったこともあり、オフィスへの通勤が必須でした。満員電車やたくさんの人が行き交う社内、突発的な電話対応など、物理的な刺激が多かったことも、心身が疲弊した原因でした。

一方、Webライターになって在宅ワークに切り替えてからは、外的ストレスがほぼゼロになりました。以前に比べると、心身の状態はかなり安定しています。

もちろんストレスはゼロではなく、業務過多になってしまうことや、人間関係のトラブルに遭うこともあります。でも、自分で選んだ仕事なので辞めたいとは思いません。それに、フリーランスになってお付き合いする人たちは、気が合う人が多いんですよね。あまりにも考え方が違う人や、ハラスメントをしてくるような人はいません。万が一いたとしても、無理に付き合いをつづける必要はないので、人間関係はかなり楽になりました。

Webライターになって低刺激な生活を実現

Q――ずっと住んでいた東京を出て、複数拠点でノマド生活をしているとお聞きしました。住む場所を変えてみていかがですか？

「どこに行っても働ける」と思うようになりました。今は数か月ごとに住む場所を変えるノマド生活をしていますが、オンラインで仕事ができるので不便に感じることはありません。離島や地方都市など、色々なエリアに移り住んで自由気ままに過ごしています。

ノマド生活をする前は約30年東京に住んでいたのですが、今は東京に戻らなくてもいいかもと考えています。東京に住めば家族や友だちに会えますし、ほしいものもすぐ買えますが、私にとっては刺激が多すぎる場所だからです。

次に住むのは、都会と地方のバランスが取れている場所がいいなと考えています。少し歩いたら公園のような自然があって、仕事の合間にふらりと散歩できるようなところに住みたいです。

Q 「自分らしく働きたい」と思っている人はたくさんいますが、それが何なのか分からない人もいると思います。自分らしく働くとは何でしょうか？

――「自分らしさを否定せずに働けること」だと思います。たとえば、私はゆったりとした性格で、物覚えが悪く仕事も遅いほうです。「どんくさいやつだ」とイライラする人もいるでしょう。会社で働いていたときは、これらの欠点を克服しなければいけないと思っていました。でも、Webライターになって心身の状態や気質に合わせた働き方に変えてから、こうしたネガティブな面を「自分らしさ」だと肯定できるようになったんです。

たとえば「やわらかい雰囲気なのでインタビューのときに話しやすかった」「ゆらりさんの文章はやさしくて読みやすい」と言ってもらえることもあります。生まれもった性格や気質は、なかなか変えられるものではありません。仕事内容や職場の環境によっては、「そのままではダメだ」と言われることもあるでしょう。でも、そんな自分らしさを否定せずに働ける仕事もあるはず。現に私は、Webライターになってから、以前より自分らしく働けています。

Q―Webライターの仕事はどんな人におすすめですか？

昔の私のように会社勤めに限界を感じている人や、刺激に弱い人など、働き方を変えたい人におすすめです。Webライターは時間や場所の自由度が高いので、心身の状態と相談しつつ働けます。特に、外的要因にストレスを感じやすい人にとっては、低刺激なライフスタイルが実現しやすいでしょう。

ただ、Webライターの仕事はいい面にスポットライトが当たりやすい仕事でもあります。「おうちにいながらゆるく稼げる」と勘違いする人をときどき見かけるのですが、短期間ですぐに成果が出る仕事ではありません。焦る気持ちはよく分かるのですが、1年くらいかけて長期スパンで理想の働き方を叶えようとするマインドが必要だと思います。

最初は大変かもしれませんが、こうした努力をしつつ前向きにつづけられる人であれば、Webライターはとてもおすすめです。

先輩ライターの話を聞き、自分の中に基準をつくる

Webライターラボ主宰 中村昌弘より

ゆらりさんのように、会社員のライフスタイルが合わず、フリーランスへ転身した人は少なくありません。Webライターラボのメンバーの中にも、同じような理由で独立した人は多くいます。そういう人は、Webライターのような自由度が高い仕事は向いているでしょう。

しかし、当然ながらフリーランスとして生きていくのは大変です。ただただ文章を書いているだけではダメで、考えながら行動しつづける必要があります。

ゆらりさんは「前職の経験を活かしてIT系のジャンルに特化」したとおっしゃっていましたが、そのジャンルに興味がなかったので、つづかなかったとのこと。だから「仕事の幅を広げる」という方針に切り替えました。このように、**合わないと思えばまた考え直して舵を切ることが大事**です。

フリーランスは、言うなれば経営者と同じ。トライして失敗すれば、また別の戦

略を考える必要があります。自由度は高いですが、それはすべての判断を自分でくだす必要があるとも言えるのです。選択の連続であり、どの道を選ぶべきか常に迷います。そんなときに道標《みちしるべ》になるのが、先輩ライターの話です。

本書には、ゆらりさんを含む13人のライターの体験談が載っています。今回取り上げた13人は、Ｗｅｂライターになった経緯、今取り組んでいる仕事、年齢、性別、家族構成など、千差万別です。しかし不思議なもので、性別や年齢、家族構成が違う人の話でも、必ず参考になる部分があります。

まえがきでも言いましたが、彼ら、彼女らのストーリーを読むことで、各々のフリーランス人生を擬似体験できます。それが蓄積されればされるほど、自分の中に「基準」ができるため、道に迷いにくくなるでしょう。ぜひ、追体験するつもりで読んでみてください。

2 趣味のパン活を仕事にする

アイビー（田部 愛）さん

40代 | 女性 | パートナー、20歳娘、12歳息子と4人暮らし
X：@aiweb612

▲ 初取材のパニーニ専門店

神戸市在住の「パン活ライター」という肩書きで活動しているアイビーさん。アイビーさんは、幼少期にお母様を突然亡くし、16歳のときに阪神・淡路大震災に遭った経験から、「いつ何が起きても家族と過ごせる環境を大切にしたい」と考えるようになりました。そのため在宅ワークに強いこだわりがあります。そんな折、クラウドソーシングサイトのテレビCMを目にし、在宅で仕事ができる仕組みに興味をもちます。もともと趣味でブログを書いていたことから「文章を書く仕事ならできるかもしれない」と考え、未経験ながらWebライターに挑戦することにしました。

パン好きが高じてグルメライターに！
趣味を仕事にしたアイビーさんの働き方

神戸市在住の「パン活ライター」というユニークな肩書きをおもちのアイビーさん。文章の書き方すら分からない状態からWebライターをはじめましたが、今では趣味のパン活を武器に、大手メディアで定期的に記事を書くライターになりました。しかし、現在に至るまでには様々な紆余《うよ》曲折があったそうです。

そんなアイビーさんに、Webライターになったきっかけや、趣味を仕事にする方法、それに伴う楽しさや苦労について伺いました。仕事もプライベートも充実させる働き方をしたい人は、ぜひ読んでみてください。

理想の育児を実現するために、在宅で仕事ができるWebライターに挑戦

Q―Webライターになったきっかけを教えてください。

1人目の子どもを産んだときから、在宅で働くことに強いこだわりがあったからです。というのも、私は10歳のときに突然母を亡くして、16歳のときに阪神・淡路大震災に遭いました。いつ何が起こるか分からないので、子どもには「いってらっしゃい」と「おかえりなさい」を必ず言いたいし、毎日手づくりのおやつを出して、時間の許す限り話をしたいと思っています。

仮に収入が減って節約ばかりの生活になったとしても、子どもが家にいる時間は自分も家にいることが最優先事項でした。古い考えかもしれませんが、夫に外で働いてもらい、妻である自分が家事育児をすべて担うスタイルを選択しました。

そんな私がWebライターをはじめたきっかけは、テレビでクラウドソーシング

サイトのＣＭを見たことです。それで、在宅でも仕事を受注できる仕組みを知りました。もともと趣味でブログを書いていたこともあり、「文章を書く仕事ならできるのでは？」と思って、Ｗｅｂライターをはじめました。

Ｑ―未経験からＷｅｂライターの仕事をはじめた感想を聞かせてください。

想像以上に大変でしたね。というのも、仕事をはじめた２０１６年当時は、Ｗｅｂライターに関する情報はほぼゼロに近い状態だったんです。本はもちろん、ノウハウが書いてある記事や、先輩ライターが集まるオンラインコミュニティも見つけられなかったので、文章の書き方や営業方法が分かりませんでした。

とりあえず実践経験を積むしかないと思い、クラウドソーシングサイトで募集されていた案件に応募したところ、運良くすぐに採用されました。そのプロジェクトには１００人くらいライターがいたのですが、案件が進むごとに人がどんどん減っていき、最終的にグループチャットのメンバーが5人ほどになったんですよ。今思えば、仕事内容に対して報酬が見合っていなかったのかもしれません。でも私は、はじめて取り組んだこの仕事で、Ｗｅｂライターとしての基礎を学べたのでとても感謝しています。情報がない中で、案件を通じて記事のつくり方や入稿方法などを学べたのはありがたかったです。

当時意識していたことは、「納期は必ず守る」「なるべく早く連絡を返す」「同じ間違いをしない」などの基本的なことでした。その基本ができていることを評価されたのか、１年後には他のライターさんが書いた記事をチェックしたり、スケジュールを管理したりする、ディレクターのポジションを任されました。

Q― ディレクターになったときは、どのようなライフスタイルを送っていたのですか？

真面目すぎるタイプなので、24時間３６５日仕事をしていました。夜中の2時でも、ライターさんからメッセージがきたらすぐに返信していましたね。自分がメッセージを返さず相手に迷惑をかけるのが嫌だったんです。生活リズムが乱れたせいで、睡眠障害になったこともあります。

そんな状況でしたが、ライフスタイルには満足していました。仕事は忙しいけれどスケジュールは自由に組めるので、子どもの学校行事に参加できるし、毎日の送り迎えもできます。Webライターとしてはめちゃくちゃな働き方をしていたものの、自分の理想とする育児が実現できたので、ライフスタイルに対する満足度は100点でした。

大好きな趣味の「パン活」を仕事に！ 好きを仕事にできた理由

Q―3年目以降はどのように活動されたのでしょうか？

ライフスタイルには満足していましたが、さすがに働き方は変えなければいけないと思いました。生活の一部を仕事にできたら無理なく働けると考え、地元の「神戸市」や趣味の「グルメ」を専門にするライターを目指しました。でも調べてみると、そういうライターさんはたくさんいたんですよね。

これからはじめるなら一風変わった肩書きが必要だと考え、以前から記事を書きたいと思っていた大手メディアを中心に再度調べてみたところ、グルメの中でもパンの記事を書いているライターは多くないと気づきました。それから今の肩書きである「パン活ライター」を名乗りはじめたんです。

ちなみにパン活とは、お店を巡ったり、自宅でパンをつくったりするなど、パンにまつわる活動全般のことです。私は休日に家族とお店巡りをするほどパンが好きなので、その趣味を仕事に活かせたらいいなと思いました。

Q――趣味の「パン活」を仕事にするために何をされたのでしょうか？

自分をプロデュースすることを意識しました。「パンのライターならアイビー」という印象がつくように色々工夫しましたね。たとえば、「パンに詳しい人」と思ってもらえるようにXの投稿内容を切り替えたり、パンにまつわる資格の「パンシェルジュ検定」を取得したり、お店巡りの頻度を上げたりもしました。

これらの活動と並行しつつ、グルメジャンルの記事を執筆できるように、クラウドソーシングサイトで案件を探して応募しました。テイクアウト商品のレビューを集めるサイトや、コンビニ商品についてレビューを書くメディアの案件などです。

また、自分でもｎｏｔｅ（記事を投稿できるサイト）にパン関連の記事を書き、ｎｏｔｅ公式のおすすめにピックアップされたこともあります。

そのような活動を1年ほどつづけていたら、大手メディアのライター募集があったので、執筆実績と企画を添えて応募しました。これまで培った知識や実績が評価され無事に採用されたのですが、記事を書きつづけるのは簡単ではありませんでした。

そのメディアは、自分で企画を立てて、自らお店にアポイントを取って取材をおこない、記事を書くというスタイルです。最初は神戸のパン屋さんの記事を書こうと思っていたのですが、全国でも知名度があるメディアだったこともあり、「神戸市」と地域を限定してしまうとなかなか読んでもらえません。ＰＶ《ページビュー》数（Ｗｅｂサイトのページが閲覧された回数）によっても報酬が変わるので、そのメディアでＷｅｂライターをつづけるためにはもっと読んでもらう必要がありました。

そのため、全国の人が興味をもちそうな大手ファストフードやコンビニのパンについて書いたり、読者の興味を引きそうなテーマを研究したりしました。その甲斐もあってか、多くの人に記事を読んでもらえるようになり、1年半ほど同じメディアで書かせてもらっています。

Q――取材相手と関係を構築するために心がけていることはありますか？

取材した後は、必ずその飲食店に行くようにしています。以前、とあるお店のオーナーさんから「ライターさんは、取材した後に顔を出したり食べに来たりする人は少ないよね」と言われたんです。

その言葉を聞いてからは、積極的にお店へ顔を出して、取材後の反響や記事公開後に困ったことはないかを聞くようにしています。そうするとお店の人との信頼関係が構築できるので、自然と会話が増えるんですよ。最近では、経営やマーケティングの相談をいただくこともあります。

たとえば先日は、「雨の日にはどうしても客足が減ってしまう。他のお店ではどんな対策をしているのか」というご相談をいただきました。他のお店では、雨の日に来てくれたお客様にポイントを2倍つけたり、「雨の日割引」を適用したりというサービスをすることが多いので、そうお伝えしたところ喜んでもらえました。

他にも、売れ残ってしまったパンの売り方や、人気商品の効果的な販売方法、イベントに出店するときのポイントなどをお伝えしたこともあります。このように、それぞれのお店の特徴や客層を踏まえ、お店に合った方法を提案しています。

生活の一部を仕事にすると無理なくつづけられる

Q――趣味を仕事にして、つらくなる瞬間はありませんか?

もちろんいいことばかりではありません。以前、とあるイベントに行ったときは、一気に10店舗をまわってまとめ買いをしたので、その日の晩ご飯は家族とパン祭りでした(笑)。食べたくないタイミングでも、実際に味わってみないと記事は書けません。ときには、好きではないパンを口にすることもあります。でも、つらいと思った瞬間はありません。その理由のひとつは、もともとパンが大好きだから。

もうひとつの理由は、家族が応援してくれるからです。

パン活ライターになってから、夫が「あのエリアに新しいパン屋さんができてたよ」と教えてくれたり、子どもがＩｎｓｔａｇｒａｍで流行っているパンを見て「お母さん、これ知ってる?」と最新情報をくれたりするんです。家族みんなが私の仕事を応援してくれているので、やる気につながっています。これも趣味を仕事の一部にしたおかげだと思います。

Ｑ 一 趣味を仕事にしたい人に向けてアドバイスはありますか?

趣味を仕事にすることは、生活の一部を仕事にすることと同じです。私の場合、ディレクターの仕事は大変だと感じる瞬間が多々ありましたが、「パン活ライター」としての仕事は無理なくつづけられています。

ただ、ライターさんの中には「グルメ系やエンタメ系など、趣味に関する記事は報酬が低いからつづけにくい」と言う人もいます。もちろん、必ずしも報酬が低いとは限らないのですが、このような声が多いのは事実です。でも、報酬以外のメリットもあるため、その理由だけで辞めてしまうのはもったいないと思うんです。

たとえばグルメ記事の場合は、取材の一環としてお店で食事をすることも多いため、家での食事回数が減り食費が安く済みますし、知人から「いいお店ない？」と聞かれたときに教えてあげることもできます。

また、ライターとしても、グルメジャンルは万人受けするテーマなので、書けるメディアや媒体の幅が広い点も大きなメリットと言えます。それに、報酬が低かったとしても、つづければライティングスキルやジャンルに関する知識が増えていき、仕事を効率化できるようになります。そうすれば時給は上がるので、必ずしも報酬が低いから辞めるべきだとは思いません。


もっと言うと、先ほどお話ししたように、趣味を仕事にすると家族が応援してくれるようになります。身近なものを扱うことで、自分だけでなく家族みんなが楽しめるのも、趣味を仕事にするメリットです。興味があれば、ぜひ「好きを仕事に」を目指してみてください。この話が何かの参考になれば幸いです。

好きを仕事にするためには戦略が大事

Webライターラボ主宰 中村昌弘より

Webライターの中には、アイビーさんのように自分の「趣味」や「好きなこと」を仕事にしている人もいます。この状況に憧れる人もいますが、実現するのは簡単ではありません。そのいちばんの理由は、自分が関心をもっている分野の仕事を受注するのは難しいからです。

たとえば、スポーツ好きな人がスポーツライターを、映画好きの人がエンタメライターを目指すことを想像してみてください。もちろん、それぞれの分野でプロとして活躍されている人はいます。でも、今からライターをはじめて、これらの専門メディアで記事を書くためには、かなりの時間を要するでしょう。自分が書きたいメディアでライターを募集しているかわかりませんし、募集していても自分に発注してくれるかは分かりません。

スポーツやエンタメはあくまで一例であり、他の分野でも同じことが言えます。

好きだからといって、必ずしも仕事につながるとは限らないのです。

とはいえ、好きなことを仕事にしたい人もいると思いますので、そんな人はアイビーさんの事例を参考にしてみてください。「趣味を仕事にするためにはどうすればいいか？」をきちんと考え、具体的な戦略を練っています。

インタビューでもおっしゃっていましたが、アイビーさんはグルメの中でも「パン」に分野を絞り、パン活ライターと名乗ることにしました。それだけでは終わらず、**「パンのライターならアイビー」と言われるように自分をブランディング**しました。こんなふうに、好きを仕事にするための戦略を練り、実行しています。

今回のアイビーさんのお話は、他の分野にも転用できます。どの分野を攻めるのか、自分をどうブランディングしていくのか。今回のインタビューには、そのためのヒントが詰まっていました。

3 二児の母×会社員×ライターのトリプルキャリア

かばた あきこさん

40代 | 女性 | パートナー、9歳娘、5歳娘と4人暮らし
X：@ako_kabata_w

▲ 子どもたち（元気の源）

かばたさんは大手企業に勤めつつ、2人のお子さんを育てながら副業でライターをしています。Webライターをはじめたきっかけは、ワーママ（ワーキングマザー）として活躍するインフルエンサーの発信でした。その人の発信を追っていくうちに、副業に興味をもつようになりました。最初はブログにチャレンジしますが、なかなか稼げなかったそうです。そのとき、別のインフルエンサーが「Webライターとして経験を積んでからブログをやるといい」と言っていたことで、Webライターにチャレンジしました。

二児の母×会社員×ライターのトリプルキャリア！　大手企業に勤めながら副業ライターをしている理由とは？

大手企業に16年勤務しつづけながら副業ライターとしても活躍し、二児の母でもある、かばたあきこさん。コロナ禍の影響で外出すらままならなかった経験をきっかけに、自宅でもできる副業を探しWebライターにたどりつきます。今では自身の専門性を活かした「品証（品質保証）ライター」として、製造業のメディアを中心に数々の記事を執筆しています。

「目の前の仕事に向き合うことで次のチャンスが生まれる」と言うかばたさんに、母×会社員×ライターの〝三足のわらじ〟を成立させるコツや、副業ライターとして働くメリットについて伺いました。子育てと本業、そして副業までこなしたいと考えている人はぜひお読みください。

インフルエンサーとの出会いがWebライターへつながった

Q ── 会社員をしながら副業ライターをされているとお聞きしました。本業はどのようなお仕事なのでしょうか？

新卒で入社した大手印刷会社に約16年勤務しています。入社当初は建築材料（建材）部門で製品や製造工程の開発に従事し、建材の品質を管理する品質保証部へ異動しました。それから半導体の品質管理部門へ異動になり、現在に至ります。

入社のきっかけは、もともと本が好きだったので本に関連する会社に入ってみたいと考えたからです。大学院が理系だったため配属は本から離れましたが、福利厚生が充実しているいい会社に入れたと思っています。

Q　副業をはじめたきっかけを教えてください。

　インフルエンサーの発信がきっかけです。次女を産んだ後、産休から復帰しようと思っていた矢先に新型コロナウイルスが流行しました。保育園もすべて行けなくなってしまい、育休を延長させてもらいました。その期間はずっと家にこもっていたので、自宅でできることを探そうと思ったんです。

「ワーママ」などのキーワードで情報を集めていたら、ワーママとして有名なインフルエンサーを見つけました。子育てをしながら会社員として働きつつ、副業として不動産売買やブログ、音声配信などをしている人です。その人の発信を追いかけているうちに、副業に興味がわきました。また、同じ時期に別のインフルエンサーがＹｏｕＴｕｂｅで「会社に執着しないキャリアをデザインしよう」と言っていました。それらの発信に刺激を受けて、本格的に副業を考えはじめます。

　とりあえず、インフルエンサーの真似をしてブログをはじめたのですが、残念ながら全然稼げませんでしたね。どうしたものかと悩んでいるときに、また別のインフルエンサーが「Ｗｅｂライターとして経験を積んでからブログをやるといい」と言っている動画を見ました。それに刺激を受けて、将来的にブログで稼ぐための前準備としてＷｅｂライターにチャレンジしました。

Q ― 副業の選択肢は他にもありそうですが、なぜ文章を書く仕事を選んだのでしょうか。

本業で文章を書く業務に携わっており、書くことに抵抗がなかったからですね。普段から議事録やメール、顧客への報告書などを作成していたため、読んでもらえる文章を書けると思いました。ブログをはじめたときも、「どうしても文章が書けない」と悩んだことはなかったので、比較的自分に向いていたのかもしれません。

ちなみに、その他の副業も検討したのですが自分には合いませんでした。たとえば、副業としてハードルが低いと言われている転売（せどり）は、流行を追いつづけるのが性格的に難しいと感じました。また、Ｗｅｂデザイナーも、自分には技術もセンスもないので難しいと思いましたね。結果的に残ったのがＷｅｂライターだったとも言えます。

鍵は徹底的な効率化！〝三足のわらじ〟を成立させる「時間捻出術」

Q ― 案件はどのように受注していたのでしょうか？

Webライターをはじめた当初は、クラウドソーシングサイトを利用しました。初案件はおもちゃのレビュー記事の執筆だったと思います。クライアントから見出しや構成、執筆マニュアルをすべて提供していただき記事を書きました。

その後しばらくは、クラウドソーシングサイトで募集されている案件に応募しましたが、2022年秋頃からメディア運営者へ直接営業するようになったんです。具体的には、製造業関連のメディアへ、自分を売り込むための提案文を直接送りました。それが受注に至り、今は製造業を中心とした多くのお客様と直接契約を結び、品質保証などの記事を中心に執筆しています。おかげさまで直接契約をいただけるようになってからは収入面も好調です。現在は3社前後のクライアントからコンスタントにご依頼をいただいています。

Q―子育てと本業とライターの3つを成り立たせるコツを教えてください。

時間を効率よく使うことが大切だと思います。早朝でも深夜でもいいのですが、誰にも邪魔されない時間をつくることが重要です。私は早朝の数時間を執筆にあてています。

というのも、育児や家事などで執筆を中断してしまうと、集中力を戻すのに時間がかかってしまうんですよ。それは効率が悪い。だから私は、家族が起きている間は副業はやらず、一人で集中できる早朝だけライター業をすると決めています。

また、家事を効率化して時間を捻出することも重要です。私の場合は、家事を徹底的に見直したら1日につき1時間半を捻出できました。

たとえば、朝食を手軽につくる方法を調べたり、食洗機を導入したりといった工夫ですね。このような小さな改善によって時間をつくり出せたことが、本業と副業、そして子育てを並行してこなせている理由だと思います。

Q ― 副業が本業に与える影響はありますか？

とてもよい相乗効果があります。たとえば、記事の執筆を依頼してくれているA社が提供する商品は、私の本業の会社でも導入できる商品です。つまり、私は顧客視点で記事を書けるため、必然的に記事の質は高くなるんです。このような相乗効果が生まれるのは、副業ライターだからこそだと言えます。

ライター業を通じて身につけた自信。書く仕事から自分の可能性を見つけてほしい

Q ― 副業にライターを選んでよかったと思う点を教えてください。

「これから先、何かあっても食べていける」という自信をもてたことです。たとえば、突然本業の会社を辞めなければならなくなっても、自分の力で生きていけると考えられるようになりました。いい意味で人生を楽観できるようになったのは前

向きな変化だと思います。

また、自分は書くことが好きだと再確認できた点もよかったですね。仕事を「生きるための仕事」と「好きで取り組んでいる仕事」に分けるとしたら、ライティングの仕事は後者に分類されます。仕事である以上、ストレスが全くないとは言いませんが、記事を書く時間は充実していますし、成果や成長が目に見えるのも楽しいです。

以前、キャリアコンサルタントから「本業と副業のどちらか一方を辞めなければならないとしたら、どちらを辞めますか？」と聞かれたときに、迷いなく「本業を辞めます」と答えました。それくらい自分の中で、Ｗｅｂライターが大事なものになっています。

Q 今後の目標がありましたら教えてください。

いずれライターとして独立したい気持ちはあります。でも今は、とにかく目の前の仕事に真摯に取り組み、しっかり勉強しながら成長していくのが目標です。

近年の製造業はDX（デジタルトランスフォーメーション）が注目されていて、毎月のように新しいサービスや製品が登場しつづけています。それらの情報を知ることで本業にいい影響があるのはもちろん、ライティングにも活かせます。常に新しい情報に目を向けて、ライターとして今よりも製造業界に貢献できるようになりたいですね。

とはいえ、今やりたいと考えている目標は、今後変わるかもしれないとも思っています。以前、書く仕事のひとつとしてメールマガジンにも挑戦したいと考えていたことがありますが、残念ながら実を結ぶことはありませんでした。でも、もしかしたら今後マーケティングを勉強したくなり、メルマガに再挑戦しようと思う日が来るかもしれません。

こんなふうに目標が変わったとしても、今の私ならその決断を自分で肯定してあげられると思います。先ほどの話に戻りますが、これもWebライターを通じて自信がついたからですね。

Q　Webライターをはじめたい人へメッセージをお願いします。

副業ライターは可能性があると思っています。本業で一定の収入を得られているからこそ、自分がやりたいことにチャレンジできる強みがあるからです。

また一方で、副業ライターの活動をつづけるのは簡単ではないとも感じています。単価がなかなか上がらない時期がつづいたり、仕事をもらえない期間があったりしますからね。もし今後、副業Webライターになって「稼げない」と思う日が来たなら、一度、金銭面のメリットから目を離すことをおすすめします。

仮にお金を稼げなくても、知見や経験が溜まったり、スキルが身についたりと、自分の中に蓄えられているものがあるはずです。また、仕事を通じて自信がついたり、物事を肯定できるようになったりと、自分自身も変化します。それらに目を向けることで、自分がライターの仕事に対して何を求めているかという点に気づけるかもしれません。

ライターという仕事を通じて人生が変わった人は大勢います。私もその一人です。いつか書く仕事にチャレンジしてみたいと思う人は、ぜひリスクの少ない副業から取り組んでほしいと思います。

本業と副業の相乗効果はメリットが大きい

Webライターラボ主宰　中村昌弘より

かばたさんのように、会社員（本業）とWebライター（副業）に相乗効果があるのは、大きなメリットと言えます。理由は、Webライターが質の高い記事を書くときに必要な顧客視点をもつことができるからです。

僕は以前、パーソナルトレーニングジムの紹介記事を書いたことがあります。自分自身がパーソナルトレーニングジムにもフィットネスジムにも通っていた経験があったので、顧客視点で書けました。

たとえば、ロッカールームの広さは意外と重要だったり、ジムによって混む時間が違ったりします。また、着替えを貸してくれるジムやプロテインを提供してくれるジムもあります。

このような、通わなければ分からない情報は読者にとって有益です。**本業と副業のジャンルが同じであれば、顧客視点で記事を書けるため、自然と読者が知りたい**

ことを書けるのです。

また、かばたさんがおこなっていた直接営業は、Ｗｅｂライターラボでも推奨しています。クライアントと直接つながると、たくさんのメリットがあるからです。クラウドソーシングサイトを介していないので手数料がかからないという点はもちろん、何よりもクライアントと親密になれます。

Ｗｅｂライターは良くも悪くもオンラインで業務を進められるため、誰とも会わずに仕事を完結できます。でも、クライアントとは直接話して親密になったほうが、スケールアップは早いです。

僕は独立当初、誰とも会わずに仕事をするほうが効率はいいと思っていましたが、実際にクライアントに会ってみたら考えが変わりました。顔と声が分かっているのでコミュニケーションも円滑ですし、何よりも「この人のために最高の記事を仕上げるぞ」というモチベーションになるからです。オンラインで仕事を完結できる時代だからこそ、顔を合わせる重要性は増していると思います。

4

現場監督から金融ライターへ転身

東本 隼之さん

30代 | 男性 | パートナー、娘、息子と4人暮らし
X：@falcon_freedom_

▲自身が運営するコワーキングスペースのランチMTG

化学プラントの設備保全をおこなう工事会社で、現場監督として働いていた東本さん。とあるYouTubeで紹介されていたことがきっかけでWebライターに興味をもち、副業ではじめてみることにしました。しかし、2人のお子さんの育児をしながらの副業は大変だったそう。パートナーもフルタイムで働いているので、ともに限界を感じていました。そこにお父様が亡くなったことも重なり、独立を決意。綿密な計画を練って、異業種へと飛び込みました。

現場監督から金融ライターへ転身。全くの異業種でも活躍できた理由とは？

パートナーと2人のお子さんと暮らしている東本さん。あるYouTube動画がきっかけで副業をはじめました。ほどなくして副業は軌道に乗ったものの、本業と育児との両立に限界を感じていました。また、早くにお父様を亡くしたこともきっかけとなり、1年間の副業を経て独立を果たし、現在は金融ライターとして活躍されています。

そんな東本さんに、異業種からWebライターとして軌道に乗るまでの道のりや、小さいお子さんがいる状態で独立を果たした方法について伺いました。Webライターとは全く異なる仕事をしている人や、子育てと仕事がうまく両立できずに悩んでいる人は、ぜひ読んでみてください。

父が亡くなったことをきっかけに、現場監督をしながら副業に取り組む

Q―Webライターになる前の仕事を教えてください。

工業高校を卒業した後に造船会社へ入社し、現場監督をしていました。船を修理する現場で計画を作成したり、品質管理や安全管理を担保したりする仕事です。8年ほど働きましたが、業界が不況になってしまったので、将来を考えて化学プラントの設備保全をする工事会社へ転職しました。

私が住んでいる岡山県は化学プラントが発達しているので、実践経験を積んでおけば、今後もつぶしがきくと思ったことが転職した理由です。その会社で現場監督をしながら、副業としてWebライターをはじめました。

Q―Webライターをはじめたきっかけを教えてください。

きっかけは、とあるYouTubeチャンネルで、副業を紹介する動画を見たこ

とです。プログラミングや動画編集なども紹介されていたのですが、専門的なスキルが必要なので難しそうだなと感じました。でもWebライターなら「日本語が書ければできるのでは?」と思ったんです。

さっそくYouTubeで紹介されていたクラウドソーシングサイトに登録してみたところ、実績もないのに、なぜか半導体について書く案件を受注できました。でも、そもそも未経験だったのに加えて、半導体についての知見がなかったので執筆に時間がかかりました。時給換算するとひどかったと思います。ただ、書くこと自体は楽しかったので、ライター業は自分に合っているかも? と思いました。

その後は、もう少し馴染みのある分野がいいと思い、金融ジャンルを中心に応募していきました。実は、副業をはじめる前に家計がピンチになったことがあるんです。そのときにお金の勉強をしてFP3級を取得した経緯があるため、金融ジャンルなら書きやすいと思い応募しました。資格や経験が評価されたのか、割とすんなり受注できました。

共働きをしながらの子育てに限界がきた。綿密に計画を練りWebライターとして独立

Q―副業時代は時間のやりくりが大変だったのではないでしょうか？

ものすごく大変でした。当時は朝5時から副業を開始して、1時間かけて仕事場へ向かい、夜の7時に帰宅。その後は再び、21時半から23時まで副業をするという生活でした。原稿を書きながらパソコンの前で寝てしまうこともあるくらい、疲れ切っていましたね。妻もフルタイムで働きながら育児をしていたので、お互いへとへとでした。

さらに、転職した化学プラントの会社は、忙しい時期は土日や長期休暇にも出勤しなくてはいけませんでした。私も妻も実家が遠かったので親には頼れません。家族の誰かが体調を崩したときは「子どもはどうする？　誰にも預けられないし職場にも連れていけない」という状況で、本当に苦しかったです。今の働き方をつづけ

ると妻も私も体がもたないため、ライフスタイルを見直す必要がありました。

Q ― それが独立するきっかけだったわけですね？

心身ともにきつかったことも独立した理由のひとつですが、いちばん大きかったのは父の死です。

私が転職した後、父が56歳という若さで亡くなりました。父の死から1年が経ったある日、勤務先から帰る車の中で、ふと「父が亡くなった年齢を考えると、今28歳の自分はもう人生の折り返し地点にいる」と思いました。もしかすると残された時間は少ないかもしれないと、背筋がゾクッとしたんです。それが、このまま現場監督をつづけてもいいのか？　と考えるきっかけになりました。

当時はまだ20代でしたが、残りの人生を考えるようになり、「今、動かないと後悔するかもしれない」と思い独立を決めました。

Q ― 独立するときにパートナーとどのような話をしたのでしょうか？

妻には独立後の計画を具体的に話しました。まずは副業時代の時給を算出し、それをもとにWebライターとして独立したときの収入を計算しました。その上で、「お金を月いくら家に入れるのか?」「失敗したらどうするのか?」という点を明確にして妻に相談しました。子どもが2人いるため不安もあったと思うのですが、最後は背中を押してくれたのでありがたかったです。

最近、改めて妻に独立を応援してくれた理由を聞いたところ、「朝から晩まで副業を1年間つづけていたことが大きかった。独立後にWebライターとして活動している姿がイメージできた」と言ってもらえました。いきなり独立せず、副業Webライターとしてコツコツ書いていたのがよかったということですね。

あとは、早起きして洗濯物を畳んだりお皿を洗ったりと、副業をしているときも家での自分の役割をまっとうできた点も大きかったと思います。副業をしているからという理由で家事を疎《おろそ》かにしていたら、妻としては応援しにくいですからね。

異業種から金融ライターとして活躍できたのは「実績」という武器を身につけたから

Q 一 独立後は順調でしたか？

いいえ、実は独立する直前に早くも大ピンチを迎えました。というのも、会社を辞める2週間ほど前に、継続的に依頼をいただいていた案件がストップしてしまったんです。そのため予想していた収入を得ることは厳しくなり、不安でいっぱいの独立になりました。毎月家に入れる金額は妻と約束していたので、最初の3か月くらいは自分のへそくりからこっそり補填していました。今となっては笑い話ですが、当時は本当に焦りましたね。

その後はメディアに直接営業をしたり、コミュニティで知り合った人からお仕事をもらったりと、少しずつ案件が増えていきました。へそくりから補填しなくて済むようになったので、ようやく一安心……と思いきや、次は仕事を受けすぎてメンタル不調に陥ってしまいます。当時は夜中の2時まで仕事をして、数時間寝てからまた仕事をはじめるという生活でした。

そんな激務がつづいたある日、突然動悸《どうき》や息切れの症状が出てしまったんです。心身ともに疲弊して「子どもの声を聞くのも嫌だ！」という状態になってしまいました。さすがにこのままではダメだと思い、案件数を絞り労働時間を減らしたところ、ようやくメンタルが回復しました。

この経験があるので、今も過重労働にならないように案件を調整したり、随時、休暇を取ったりしています。メンタルを安定させることは大事ですからね。

Q ― 今は金融ライターとして活躍されていますが、その要因は何でしょうか？

実績として公開できる記事をどんどん増やしたことが大きいですね。ライターの中には、不動産会社出身の人が不動産ライターになったり、医療系の仕事をしていた人が医療ライターになったりと、自分の専門分野を活かしている人もいます。

でも僕は、「現場監督」というライターには活かしにくいキャリアしかありませんでした。そういう場合は「実績」が大きな武器になるんです。
たとえば、大手のメディアで自分の名前が載る記名記事を書ければ、クライアントから「東本という人は、こんな大手メディアで書いているんだ。信頼できそうだな」と思ってもらえます。だから僕は、報酬を意識しすぎずに、実績になりそうな案件は単価が低くても積極的に応募しました。その積み上げた実績が今につながっていると思います。

Webライターとして独立してから、子育てにもいい影響がたくさんあった

Q――独立前は仕事と育児の両立に疲弊していたとお聞きしましたが、Webライターになってからはどうでしたか?

だいぶ楽になりました。子どもが小さいうちは、保育園から「お子さんが体調を崩したので迎えに来てほしい」と呼び出されることもあります。独立前は私の勤務先が遠かったこともあり、妻が迎えに行くことが多かったのです。でも、今は私も迎えに行けるため、イレギュラーなお迎えが発生したときは、妻と和やかに話し

合って決められます。

また、「やめるのはダメなおこないである」という考えが変わったこともよかったです。もともと私は、習字を10年以上習っていたり、高校3年間ラグビーをつづけたりと、一度はじめたことは継続しようと思うタイプです。きついからという理由でやめていった同級生を、冷ややかな目で見ることもありました。でも独立をして、一般的ではない働き方をするようになってから、頭が柔らかくなりました。

今は、無理やりつづける必要はなく、状況に応じて方針転換をしてもいいと思っています。たとえば子どもたちが習い事をやめたいと言ったときは、「合わないならやめればいいいんじゃない？」と言えるようになりました。

Q — これからWebライターをはじめる人へ一言お願いします。

Webライターに興味をもった人は、副業からはじめるといいと思います。逆に言うと「未経験からいきなり独立！」はおすすめできません。さすがにリスクが高いからです。安定した収入を得られる見通しが立ってから、独立を検討したほうがいいでしょう。

また、Ｗｅｂライターには夢があるともお伝えしたいです。私は現在ライター業と並行して、地元の岡山県玉野市で「うのベース」というコワーキングスペースを運営しています。これも先ほど言ったように、「自分はもう人生の折り返し地点にいるかもしれない」と思ったことがきっかけです。

私はたまたま父の死によって、やりたいことをやろうと思えましたが、万人にそのようなきっかけがあるとは限りません。でも身近に頑張っている人がいて、お互いを応援し合える環境があれば、やりたいことに挑戦しやすくなります。そのようなつながりができればいいなと思い、コワーキングスペースをつくりました。まだ道半ばですが、自分のやりたいことに向かって進んでいる感覚があります。

Ｗｅｂライターとして生きていくのは簡単ではありませんが、自分が叶えたかった夢を実現できるかもしれない。そんな希望もあると思っています。

特殊な経験がなくても専門家ライターになれる

Webライターラボ主宰 中村昌弘より

「金融ライター」と聞くと、どのような人をイメージするでしょうか？ 証券会社や銀行に勤めていた経験がある人や、エコノミストのような専門家を思い浮かべる人もいると思います。しかし実際は違います。東本さんも、金融とは無関係の現場監督の仕事をしていました。

彼は大手金融メディアで執筆もしていますし、書籍『ズボラな人でもお金が増える 漫画インデックス投資一択で億り人』（マサニー著／KADOKAWA）の監修まで務めています。このような実績を積み上げられたのは、金融について勉強したり、自分で投資をして経験を積んだりしたからです。

東本さんのように、**その分野を勉強し、経験を積み重ねることで専門家ライターを名乗ることはできます。**僕の周りにも、ライターの世界に足を踏み入れてから専門性を身につけた人はたくさんいます。

また、東本さんの面白いところは、Ｗｅｂライターをやりながら別の事業を立ち上げたこと。彼は地元でコワーキングスペースを運営しています。日々Ｗｅｂライターとの二足のわらじで忙しそうですが、なんだか楽しそうでもあります。どちらもライフワークになっているのでしょう。

僕自身もライター業をやりながら、コミュニティやオンラインスクールを運営しているので、その気持ちはよく分かります。どちらも楽しく、人生の一部になっています。もちろんＷｅｂライター業だけに集中してもいいのですが、別の選択肢があることも知っておいて損はないでしょう。

5 2人目の妊娠を機に、在宅で働ける職業を模索

福永 ももさん

30代 | 女性 | パートナー、4歳息子、2歳息子と4人暮らし
X：@Momo10man

▲ 子どもたちと公園で

美容師として働いていた福永さんは、2人目のお子さんの妊娠をきっかけに、在宅でできる仕事を探しはじめました。情報収集をしていると、Instagramで「Webライターなら日本語さえ読み書きできれば誰でもできる」という投稿を見かけたことで、Webライターに興味がわいたそうです。美容師はブログやInstagramで発信することが多いため、文章を書くことには慣れていたとのこと。「怪しい仕事なんじゃないか」と家族から心配されながらも、Webライターに挑戦してみることにしました。

美容師から美容特化ライターへ転身！「自信がないからこその戦略」で場所にしばられず働くフリーランスを実現

10年間の美容師経験を活かし、現在は美容系ライターとして活躍する福永ももさん。ライターをはじめたきっかけは、妊娠を機に新しい働き方を模索したことでした。

はじめは時給に換算すると100円にも満たなかったとのことですが、「美容ライター」と名乗ったことで活路が開けたと言います。現在は、子育てと仕事を両立させながら、美容院やクリニックのホームページのライティングなどにも関わっています。

そんな福永さんに、自分のキャリアを活かしつつライターとして仕事の幅を広げる方法や、美容ライターと名乗りはじめたきっかけについてお聞きしました。好きなこと、得意なことを仕事に活かしたい人は、ぜひ読んでみてください。

朝から晩まで働く日々。「売れない」美容師の現実

Q―Webライターになる前は何をされていたのでしょうか？

10年間、美容師として働いていました。子どもの頃から自分のクセ毛が悩みで、それを隠すために色々なヘアアレンジを試していくうちに、美容師に憧れるようになったんです。

専門学校を卒業してから、10年間に3つの店舗で勤務しました。最初の店舗は早朝から深夜まで働き詰めだったので、環境を変えたいと思い辞めました。次の店舗ではスタイリスト（担当をもてる美容師）として入ったのですが、残念ながらほぼお客さんがつきませんでした。

美容師の世界は人気商売なので、指名してくれるリピート客の数で、だいたいの

収入が決まります。なかなか顧客がつかない状況はつらかったですね。

その後、1人目の子どもを妊娠したことをきっかけに地元へ帰り、小さな美容院で働きました。ただ、そこの美容院はいつ閉店してもおかしくないほど、全然お客さんが来ないお店でしたね。

Q—なぜ畑違いのWebライターになったのでしょうか?

2人目の子どもを妊娠したことがきっかけです。育休に入ることは分かっていたので、その期間に在宅で副業をはじめたいと思いました。

Instagramを眺めていたら「Webライターなら日本語さえ読み書きできれば誰でもできる」といった投稿が出てきて、興味をもちました。美容師はブログやInstagramなどで発信することが多いため、実は文章を書く機会が多いんですよ。だから、書く仕事ならできるかもと思ったんです。

ただ、それまでパソコンさえもっておらず、美容院のブログもすべてスマホで書いていました。せめてパソコンくらいは買わなくてはいけないと思い、自らの保険を解約して購入費用にあてました。ちなみに家族からは「怪しい仕事なんじゃないか」と、当時はずいぶん心配されましたね（笑）。

美容ライターを名乗りジャンルを特化。知識や経験を活かしてステップアップした

Q―はじめての案件はどのようなものでしたか？

最初にいただいた仕事はクラウドソーシングサイトからの受注で、3000文字の記事を10本書いたら3000円もらえる案件でした。単価は低かったのですが、依頼内容に「執筆した記事に対してフィードバックします」と書いてあったので挑戦しました。

でも、いざ書いてみると予想以上に時間がかかり、1記事目を完成させるのに30時間もかかったんですよ。家族からも「それ時給いくらなの？」と言われてしまいました。

今思うと初心者を狙った案件だったと思うのですが、苦しかったという記憶はそんなにありません。約束通り「もっとこう書いたほうがいい」とフィードバックも受けられたので、わずかでもお金をもらいながら勉強している感覚でした。家事や育児の時間以外は、隙間時間もすべてライティングに費やす気持ちで、何とか10本の記事を書き上げました。

Q―妊娠中で身体もつらい時期ですよね。なぜそこまで頑張れたのでしょうか？

長時間働くのが当たり前だった美容師時代に比べると、自由度が高かったからです。在宅で仕事が完結し、いつ働いてもいいですからね。私は家が大好きなので「お家にいたい！」という思いが強く、それが頑張る原動力でした。

とにかく少しでも稼げるようになろうと、はじめのうちは自分に書けそうな案件にはなんでも応募していました。その中で書いていて楽しいと思えたのは、脱毛に関する記事です。

美容師出身の私にとって毛の悩みは得意分野です。書いていて楽しくて、下調べがほぼ不要なので効率もいい。自分の過去の苦労や経験を仕事に活かせる喜びを感じていました。ただし、単価はさほど高くなかったので、まだまだ稼げているとは言えない状況でした。

Q── それから収入を上げていったとお聞きしました。要因は何でしょうか？

思い切って美容ライターと名乗ったことです。自己紹介ページやSNSの肩書きを、すべて「美容ライター」に統一しました。肩書きをつけようと思ったきっかけは、収入が伸び悩んでいた時期に入会した、Webライターラボの講義です。主宰の中村さんが「自分の得意分野に特化しよう」という旨の話をされていて、それを参考にしました。

私の強みは10年の美容師経験だと思ったので、それまでの「なんでも書きます」というスタンスから、「美容系が得意です」というスタンスに変えました。そうしたら、みるみるうちに仕事が増えたんですよ。「美容の記事を書いてみませんか？」とクライアントから連絡が来たこともあります。いつも案件に応募している立場だったので、オファーをもらったときは驚きました。はじめての体験だった上に、自己最高の報酬額でした。

美容ライターを探しているクライアントのもとには美容系の仕事が多く集まるため、一度お仕事で評価をいただければ、継続して美容系の案件をいただきやすいんです。このあたりもジャンルを特化したメリットと言えます。

とにかく行動しよう。一歩を踏み出せば案外怖くない

Q ― 最近は案件の幅を広げているとお聞きしました。ポイントは何でしょうか？

行動しつづけることだと思います。以前の私は、定期的に仕事をもらえることに安住していたため、突然依頼が途切れたときになす術《すべ》がありませんでした。でも、今は対応できる仕事の幅が広がったので、依頼がなくなってもそこまで焦りません。それも美容ライター向けの講座を受講するなど、仕事のスキルを上げる努力をつづけてきたおかげかなと思います。

とはいえ、最初は経験のない仕事をもち掛けられても期待に応えられないと思い、「時間が足りない」と言い訳して断ったこともありました。周りには経験も実力もあるライターさんが多くいるため、自信がなかったんです。でもこのままでは状況は変わらないと思い、「自信がないからこそ行動あるのみ」と考えを切り替え、仕事はすべて受けるようにしました。

その結果、美容室やクリニックのホームページのライティング、SNSの運用代行といった、昔の私だったら尻込みしていた仕事を次々に受注できるようになりました。

難易度が高く、苦労する仕事もありますが、そのぶん報酬も多くいただけます。Instagram運用をお手伝いしている企業から「お客さんが増えたよ」と言ってもらえることもあり、私も貢献できたのかなと、うれしくなります。

Q―これからWebライターを目指す人へアドバイスをお願いします。

「一歩踏み出せば、案外怖くないよ」とお伝えしたいです。誰もが挑戦しやすいのがWebライターのいいところであり、安定してお仕事をいただける状態になるのも決して難しくはないと思います。
未経験だから怖い、不安だという気持ちもあると思いますが、今になって思うのは「怖いのは最初だけ」ということ。一度でも最後までやり切れば、次からは分からないことへの不安がなくなるので、何も怖くありません。
それに、仕事の実績が増えれば次の依頼も来やすくなりますし、新しい仕事に応募するときの武器も増えます。とにかく一歩踏み出すことが大事ですね。

私は高校時代から美容に興味がありました。今こうして仕事に活かせているのは、幸せだと感じています。それは「美容ライター」という肩書きをつけ、得意なことを自ら発信したことで、クライアントと巡り会えたからだと思います。

肩書きを名乗ることを怖いと感じる人もいるでしょう。私もはじめはためらいがあったのでよく分かります。でも「自分は美容ライターである」と言い聞かせるうちに、その気になってくるから不思議なものです。自分の好きなこと、関心のあることを仕事にしたい人は、ぜひ挑戦してもらいたいですね。

前職の経験はＷｅｂライター界では希少かもしれない

Webライターラボ主宰　中村昌弘より

全く関係のない業界からＷｅｂライターに転身するパターンは、珍しくありません。その中で福永さんのように、前職がライター業につながる人もいます。

福永さんはインタビューで、「美容ライターと名乗ったことが転機だった」という主旨のことをおっしゃっていましたが、実はこれが重要なポイントです。というのも、経験があったとしても自信をもてず、専門家であることを名乗れない人は多いんですよ。かくいう僕も不動産会社に勤務していた経験があったのですが、「不動産ライター」と名乗ることに怖さはありました。

でも不思議なもので、１回名乗ってしまうと、その肩書きに追いつこうとするため、自然とその肩書きに関する情報を集めるようになります。そうすると、徐々に自信がついてくるのです。

僕の場合は、不動産関係の情報にアンテナを張るようになり、自然とニュースをチェックしたり、SNSで不動産ライターを名乗っている人がいたらフォローしたりするようになりました。また、専門家を名乗ったのだからもっと知見を広めようと、不動産会社が開催する無料セミナーにもよく行っていました。

このように、**専門家を名乗ることで、自然とその名に恥じぬようにと努力ができるようになる**のです。肩書きを名乗ることにはプレッシャーもあると思いますが、冷静に自分の経歴を見たら「意外とすごいかも」と思う場合もあり得ます。

たとえば福永さんのケースでいうと、美容師歴10年の経験があります。美容師業界では際立ったキャリアではないのかもしれませんが、Webライター界なら特殊ですよね。美容師を10年やっているWebライターは極めて少ないでしょう。だから強い武器になるのです。

あなたが今取り組んでいる仕事も、Webライターの世界では強い武器になるかもしれません。

6 派遣50社落ちた転職難から、第二のキャリアを切り開く

大江 かこさん

40代 | 女性 | パートナーと2人暮らし
X：@kakoworks1

▲仕事場を自分の好きな空間へ

20年以上にわたり、バックオフィス業務に従事してきた大江さん。今から4年ほど前、事務として勤めていた会社の派遣期間満了を機に、転職活動をはじめました。そのとき、コロナ禍の影響で「50社にエントリーしてすべて不採用」という現実を突きつけられたそうです。今後も同じことが起きると痛感した大江さんは「新しいスキルを身につけて状況を変える必要がある」と、別の仕事を探しはじめます。そして友人がやっていることをきっかけに、Webライターに挑戦することにしました。

事務職からWebライターへ。50社落ちた派遣社員時代から一転、第二のキャリアでつかんだ自由な働き方

事務職として20年以上のキャリアをもつ大江かこさん。正社員、派遣社員として様々な職種を経験してきました。しかし、2020年にコロナ禍によって転職難となり、50社にエントリーしたものの1社も通らなかったとのこと。そんな状況を打開しようと、思い切ってWebライターの世界に飛び込みました。

現在は、ライター業と並行してオンライン秘書業務をおこなっており、フリーランス仲間との交流も生まれ私生活も充実しているそうです。

そんな大江かこさんに、Webライターに挑戦したきっかけ、全くの異業種に飛び込んで見えた本音などを聞きました。これまでとは違う新たなキャリアを歩みたい人は、ぜひ読んでみてください。

コロナ禍によって仕事探しに苦戦。50社エントリーして全社落ちる

Q―Webライターになる前のキャリアを教えてください。

主にバックオフィス業務を担当する会社員でした。最初に入社した企業では正社員の事務職として採用され、それからは派遣社員として、購買や総務、人事などのバックオフィス業務を担当しました。具体的な仕事内容は、発注書の作成や見積書の依頼、月末の検収処理などです。派遣先の業種は多岐にわたり、珍しいところでは宇宙産業の会社に勤務したこともあります。

Q―Webライターになったきっかけを教えてください。

2020年のコロナ禍による転職難です。当時、事務として勤めていた会社の派遣期間が、2020年6月末で満了を迎えようとしていました。派遣先の企業から契約延長のお誘いはあったものの、ちょうど同じ時期にオフィスの移転も計画され

ていたんですよ。移転すると通勤時間が長くなってしまうため、契約終了を申し出て新たな転職先を探しはじめました。
でもコロナ禍の影響は深刻になっており、求人数は激減していました。派遣会社を通じて50社以上にエントリーしましたが、面接できたのはわずか1社のみ。しかも結果は不採用で、現実の厳しさを痛感しましたね。

また、転職活動を通じて、年齢が原因で入社できない会社が増えているとも感じました。というのも、派遣会社から紹介してもらう案件は、40~50代が中心の人事や総務といった管理部門が多く、若年層が多い営業部門のアシスタントの紹介がなかったんです。この経験から、年齢が原因で転職先が減っていると痛感し、仮にコロナ禍を乗り越えて転職できたとしても、不況や年齢によってまた同じような苦労をすると思いました。

だから、新しいスキルを身につけて状況を変えなければいけないと感じ、何を学ぶべきかリサーチを重ねました。そのときふと、友人にＷｅｂライターの人がいたことを思い出し、「自分もやってみよう」と思ったのがWebライターをはじめるまでの流れです。

15分で不合格の通知が届く。基礎力が足りないと感じ勉強する日々

Q―Webライターをはじめた当初は何に取り組みましたか？

最初はクラウドソーシングサイトに登録しました。そこで英会話や旅行など、自分が書けそうなテーマの案件を受注したのですが、報酬が低かったので書いても書いても十分な収入を得られませんでしたね。

解決策を探そうとググってみたところ、「高単価の仕事を獲得しよう」と書かれたWeb記事を見つけました。その記事の通り高単価の案件に応募していたら、とあるクライアントから「まずはお試しで1本記事を書いてみませんか？」と言われました。いわゆるテストライティングと言われるものです。記事の質がよければそのまま本採用になります。

何とか合格しようと、いつもの倍以上の時間をかけて記事を書いたのですが、結果は不合格。記事を提出してから、わずか15分後に不合格の通知が届きました。これほど短時間で判断されるなら、ライティングの基礎力が足りていないのかな？と思い、一から学び直すことにします。

ネットで検索したところ、編集プロダクションの主宰者がつくった講座を見つけたので、さっそく申し込みました。動画で講義を受けたり、講師から添削を受けたりできる講座です。受講していくうちに基礎力が上がっていくことを実感しました。記事の質が上がったからなのか、徐々に報酬も上がっていき、Ｗｅｂライターとして稼げる見通しが立ちました。

Ｑ――現在はどのような業務をされていますか？

段々と仕事の幅が広がり、今はＷｅｂライター業以外にオンライン秘書やＳＮＳ運用代行の仕事もしています。オンライン秘書とは、資料作成やスケジュール管理を通じてクライアントを補佐する仕事です。

先輩ライターを通じてオンライン秘書の存在を知り、事務職だった自分のキャリアを活かせると思いました。

オンライン秘書とＳＮＳ運用代行は、一見するとＷｅｂライターとは関係ないように思えるかもしれません。でも実は、「人にメッセージを伝える」という点は共通しているので、ライティングの技術が役立っていると感じます。

Ｗｅｂライターになって叶った自分らしい生き方

Ｑ——どのような点にやりがいを感じますか？

自分の書いた文章が形となって残りつづける点です。Ｗｅｂライターが書いた記事は世の中に公開されて残りますからね。また、自分の考えや気持ちを文章として表現できる点にもやりがいを感じます。

私はコラムを書く仕事もしており、日常的に自分が気づいたことを文章にしています。これは前職のバックオフィス系の仕事では味わえなかった感覚です。

他にも、Ｗｅｂライターになって幅広い年代の人とのつながりが生まれたことも、やりがいにつながっています。派遣社員として働いていたとき、一度だけ年下の上司と仕事をしたことがあります。そのときに同年代とは違う勢いを感じ、自分までエネルギッシュになりました。今も若い世代の人たちと積極的に仕事をするようにしているので、彼ら、彼女らから刺激をもらっています。

Q──事務職の派遣社員からＷｅｂライターへ転身したご自身の決断について、今振り返るとどのように感じますか？

いい選択をしたと思っています。派遣先の事情に左右されず、自分の意思で働けるようになりました。転職先を心配する必要もなくなったので、精神的にかなり楽です。

また、全国各地のＷｅｂライター仲間と交流が生まれ、生活が充実しています。私は一時期、病気療養のため働いていない期間がありました。そのときは社会から断絶された気がして、自己肯定感が下がってしまったのです。この経験から、私にとって「社会とのつながり」こそが欠かせないものだと認識しました。

Q―Webライターは、どんな人に向いている職業だと思いますか?

事務職の経験がある人は、Webライターに向いていると思います。事務職の仕事では、決められたルールに沿ってスケジュール通りに仕事を進める能力が求められます。これはライターも同じなんです。クライアントが指定するルールを守る必要があるため、事務職との相性は意外といいように感じます。

また、特定の生活スタイルに得意不得意がある人にもおすすめですね。私は夜型の生活スタイルなので、早起きが苦手です。フリーランスになる前は、始業時間の遅い会社に絞ってエントリーしていました。しかしWebライターになった今では、自分の生活リズムに合わせて働く時間を決められます。在宅なので通勤の時間がいらないこともあり、以前に比べるとかなり楽です。

あとは、スケジュールの自由度が高いので、自分の時間を大切にしたい人にも向いていると思います。私は旅行が趣味なのですが、会社員時代は派遣先のスケジュールに合わせて日程を調整する必要がありました。Ｗｅｂライターになってからは柔軟に旅行の計画を組めるので、趣味に使える時間も増えました。

Ｑ――これからＷｅｂライターを目指す人に向けて、アドバイスをお願いします。

「最初に基礎を勉強してみましょう」とお伝えしたいです。今の時代、ＹｏｕＴｕｂｅやＷｅｂサイトには教材となる無料コンテンツがたくさんあり、手軽に学習できる環境が整っています。これらを活用して基礎を習得し、クラウドソーシングサイトでライティング案件に挑戦してみるといいと思います。

他には、先輩ライターと交流できるコミュニティへの加入もおすすめです。私自身、Ｗｅｂライターラボでの出会いをきっかけに、仕事の幅が広がりました。Ｗｅｂライターに興味があるなら、ぜひ勇気をもって踏み出してみてください。特に、私と同じく40代や50代でキャリアが中断してしまった人にとって、Ｗｅｂライターは第二のキャリアの選択肢になり得ると思います。

当たり前のことを当たり前にできる人は意外と少ない

Webライターラボ主宰　中村昌弘より

大江さんがインタビューでおっしゃっていた「事務職の経験がある人は、Webライターに向いている」という話は、非常に興味深かったです。事務職の仕事は、決められたルールに沿ってスケジュール通りに仕事を進める能力が必要であり、それはライターにも求められるとのこと。

たしかにそうだなと思いました。フリーランスの世界は、当たり前のことを当たり前にやるだけで評価されます。言い換えると、当たり前のことができない人は意外と多いということです。

よく考えてみると会社員でも同じことが言えますよね。恥ずかしながら僕もそうでした。会社員時代、同じミスを繰り返したり、ミーティングに遅れたりと、社会人として当たり前のことができていませんでした。

しかし会社員の場合は、それだけで解雇されることはありません。度がすぎれば話は別ですが、一度のミスが原因でクビになることは少ないでしょう。一方、フリーランスは、ひとつのミスが原因で契約終了になることは割とあります。

たとえば依頼されていた記事を、納期を守れず提出したとします。そのときクライアントから、「記事の提出ありがとうございました。こちらで問題ありません。また案件があればご連絡します」と返信が来たら、恐らく二度と依頼は来ません。1回でも納期に遅れるようなライターとは二度と仕事をしたくない、というクライアントは少なくないのです。

そのため大江さんが言うように、**正確さが重視されるバックオフィス系の仕事が得意な人は、実はWebライターに向いています。**Webライターは「文章を書く仕事」と思われがちですが、実はリサーチやファクトチェック（事実確認）など地道な作業も多いんですよ。それをミスなく着実にこなす能力があれば、フリーランスとしてやっていけると思います。

7 ブラック企業を退社し、自由を求めWebライターへ

悠木 まちゃさん

X：@MaCHA_trip

▲年に数回、飛行機で旅行

ブラック企業に勤務し、長時間労働と激務に追われる日々を過ごしていた悠木さん。毎朝6時40分に家を出て、深夜12時過ぎに帰宅する生活をつづけていたため、心身の疲労が限界を迎え退職。その後は、「書くことが好き」「自分のペースで働きたい」という思いから、ブロガーを目指しました。しかし半年つづけても、生活費を稼げるようにはならず、別の仕事を探すことにします。ブログを書いているときにWebライターと知り合ったことをきっかけに、ご自身もWebライターをはじめることにしました。

10年勤めたブラック企業を退社。Webライターに転身して手に入れた自由な時間と仕事をする幸せ

長時間労働が当たり前だった、いわゆる「ブラック企業」で10年も働いていた悠木さん。仕事にやりがいは感じていたものの、残業つづきで休みも取れず、激務をこなす日々に限界が来て退社。書く仕事をしてみたいと思い、Webライターをはじめました。未経験ながらも、記事のクオリティにこだわって仕事をつづけたところ、どんどん仕事の幅が広がっていったそうです。今では営業をしなくても依頼が溢れる売れっ子ライターになっています。

そんな悠木さんに、ブラック企業を辞めるに至った経緯や、仕事の幅が広がったターニングポイントなどを伺いました。今の厳しい状況から抜け出したい、書く仕事に興味があると思っている人は、ぜひお読みください。

ブラック企業で疲弊。身を粉にして10年働いた会社を退社

Q — Webライターになる前はどんな仕事をしていたのですか?

主に新築戸建を販売しているハウスメーカーで、営業や設計、工事費の算出など、様々な仕事を担当しました。大手であれば業務は分担するのでしょうが、私のいた会社は中小企業だったので、一人で複数の役割を担う必要がありました。

たとえば営業のときに担当していた業務は、電話や訪問営業、商談はもちろん、モデルハウスの集客、イベントの企画、チラシ作成、商談用のプレゼン資料作成、間取り図作成、住宅ローンの手続きなどです。

仕事は忙しく、朝6時40分に家を出て8時から仕事をはじめ、残業を経て夜中の12時過ぎに帰宅。それから2~3時間寝てまた仕事に行くという生活でした。

Q― 10年働いて退社したとお聞きしましたが、きっかけは何だったのでしょうか？

心身の疲労が積み重なったことです。さすがに入社8年目のときに限界を感じ「あと1年で辞めよう」と決心しました。ちょうどその頃、本社からフランチャイズ店舗への移籍を打診され、環境を変えてみようと思い承諾しました。

移籍先も仕事量は多かったのですが、人間関係が良好だったので「ここで仕事ができるなら、もう少しつづけてみようかな」と思い直しました。そんな矢先、その店舗を閉めることになったんです。さすがにブラックな本社に戻る気にはなれず、退職を決めました。

「書くこと」と「自分のペースで働くこと」を両立できる仕事を模索

Q― 退職してからどのような経緯でWebライターになったのでしょうか？

実は、最初はWebライターではなくブロガーになろうと思ったんです。もともと文章を書くことが好きだったので「書く仕事をしてみたい」と思いつつ、ブラック企業の反動からか「自分のペースで働きたい」とも思っていました。その2つを満たせる仕事はないかと考え、ブロガーにたどり着いたという流れです。

さっそくブログを開設して、飲食店を紹介したり、便利なツールを解説したりする記事を書きました。でも、半年間つづけても生活費が稼げるほどにはなりませんでした。そのため別の仕事を模索していたところ、Webライターにたどり着きます。ブログを書いているときにWebライターの人と知り合ったことがきっかけですね。「同じ書く仕事だから」と思い、挑戦してみることにしました。

Q ― どのような案件を受注したのでしょうか？

最初の仕事はライターチームから受注しました。有名なブロガーだったAさんがXで研修生を募集していたんです。Aさんが運営するブログに無料で10本の記事を納品する代わりに、文章の添削を受けられるという条件でした。ダメ元で応募したところ、なんと合格の返信が来たんです。あのときは驚きましたね。

Aさんの研修生としてブログを書きつつ、並行してクラウドソーシングサイトの案件にも応募していました。収入のことを考え、最初から高単価の案件に応募しましたが、実績がないので全く受注できなかったです。

ちょうどそのとき、無事に研修が終わり、Aさんが率いるライターチームからお仕事をいただけることになりました。仕事がほとんどない状態だったので、まとまったご依頼をいただけてホッとしたことを覚えています。

Q――そこから仕事の幅を広げたとお聞きしました。ポイントは何だったのでしょうか?

ひとつは、編集・ディレクターの仕事をはじめたことです。独立して4年目くらいのときに、ライターの仕事に停滞感を覚えて仕事の幅を広げたいと思いました。

過去に他のライターさんの記事を校正した経験があったので、「他の人が書いた原稿を修正する仕事はどうかな?」と思ったんです。Webライターの世界では「編集案件」に振り分けられる仕事ですね。さっそく編集案件を探し応募したところ、無事に受注できました。編集は今でもメインの仕事のひとつです。

もうひとつは、不動産という専門ジャンルをつくったことです。これは先輩ライターから「不動産案件は単価が高め」という話を聞いたことがきっかけです。それまでは幅広いジャンルの記事を書いていたのですが、不動産ジャンルをメインに受注してみようと方針転換しました。すると、前職の経験を活かして専門性の高い記事を書けたからか、不動産関連の案件が増えていき、収入も上がっていきました。

この2つがターニングポイントでしたね。今でもライター業をつづけられている理由です。

ライターの仕事を6年間つづけられているのは相性が合う相手と仕事をしているから

Q―6年間Webライターをつづけられた秘訣《ひけつ》は何でしょうか?

文章を書くことが好きだからということもありますが、仕事相手を選んでいるからという点も大きいと思います。「選んでいる」というと聞こえが悪いですが、相性が合わないならお互いのために仕事はしないほうがいいと思っています。見極めるポイントはいくつかあって、私が特に大事にしていることはライターを大事にするかどうかという点です。

私自身がディレクター（≒編集者）として案件に入るときは、ライターとディレクターは対等という意識をもっています。しかし、中には「仕事を与えてやっている」と思っているディレクターがいるのも事実です。

ライターを大事にしていないディレクターは、高圧的な口調だったり、相手を見下すような態度を取ったりするので、ライターはメンタルを削られ、パフォーマンスを発揮できなくなります。

私も心身ともに疲弊し、1文字も書けなくなってしまったことがありました。そのため仕事相手を選ぶことは、長くWebライターをつづけていく上では重要だと思っています。

Q — 悠木さん自身は、どのような点をクライアントから評価されていると思いますか？

自分で言うのもおこがましいのですが、クオリティにこだわっている点だと思います。たとえば、情報の正確性を公的機関のサイトを見て確認したり、難しい法律や制度を調べて、自分で理解した上で分かりやすく書いたりしています。Webライターとしては当たり前のことなのですが、意外とできていないライターさんは多いんです。

記事の細部にまでこだわるのは、自らディレクターを経験したことも影響しています。ディレクターをやっていると、1日に何本も記事を編集しなければいけない場合があります。記事によっては修正に5〜6時間もかかることがあり、すごく大変だったんです。

他のディレクターも言っている、「ライターを選ぶときに記事の質を重視している」という話は本当だなと実感しました。それまでもクオリティには妥協していませんでしたが、修正の大変さを知ってから、さらに意識するようになりました。

これからWebライターをはじめるなら「楽をしないこと」が大事

Q──Webライターになって、どんな点がよかったと思いますか？

マイペースに働けることですね。私はスケジュールがカチッと決められている働き方が苦手なので、朝仕事をしても夜仕事をしてもいいという、Webライターの働き方が合っています。

あとは、休みが自由に取れることもうれしいポイントです。前職の不動産業界は、基本的に土日は仕事ですし、ブラック企業に勤めていたので自由に休みが取れませんでした。土日にイベントに行くなんて絶対に許されない状況でしたね。

でも今は、仕事さえ終わっていたらいつでも遊びに行けます。私は北海道に住んでいますが、Webライターになってからは東京や福岡で開催されるWebライターラボのオフ会に行くなど、自由に遠出しています。

Q―これからWebライターをしてみたい人へアドバイスをお願いします。

楽に稼ごうとしない意識が重要だと思います。効率化は大事ですが、最初から「いかに楽をして時給を上げるか」を考えてしまうと、いつまで経ってもスキルは上がりません。

そうなるとクオリティの高い記事を書けず、結局は低い単価で疲弊するライターになってしまいます。そのため、再三申し上げている通りクオリティを大事にする意識はもっておいたほうがいいです。

クライアントはクオリティの高い記事を納品すると喜んでくれます。そうすると継続的にご依頼いただけるので、営業をしなくても仕事が途切れないライターになれます。

クオリティを重視するのは大変ですが、フリーランスとして長く生き抜いていくためには重要です。

あとは、自分を大切にすることも大事ですね。先ほども言った通り、自分を雑に扱うクライアントからは早めに離れたほうがいいでしょう。

私は、最初に就職した会社がブラック企業だったので、比較対象がなく「会社員はつらいものなのだな」と思っていました。上司が日頃から「この会社でやっていけない奴は、どこに行っても無理」と言っていて、それを聞いて「そうか、無理なんだ」と勘違いしていましたね。

フリーランスも会社員と同じく、働く相手や環境は大事です。だから、もしＷｅｂライターを目指すなら、「お互いにいい関係を築けるクライアントを選ぶ」という意識をもつといいと思います。

とにかくクオリティにこだわる姿勢が仕事を呼ぶ

Webライターラボ主宰 中村昌弘より

フリーランスとして長く生き抜いている人の多くは、営業をしません。正確に言うと、営業をする必要がありません。なぜなら、継続案件と紹介で仕事がまわるからです。その状態になるためには色々な条件がありますが、そのひとつに「クオリティが高いこと」が挙げられるでしょう。

記事の質は一読すれば分かります。それくらい書き手によって文章のレベルは変わるのです。特にAI時代に突入した現在は、AIが書いた文章を大して修正せずにそのまま出しているのか、優秀な編集者が手直ししているかは一目瞭然。それくらい質に違いが出ます。

僕のライティングの師匠が以前、こんなことを言っていました。

「性能のいいカメラが搭載されているスマホが世の中に普及したとき、いずれプロのカメラマンはいなくなると言われた。でもそれは逆だった。誰でも画質のいい写真を撮れてしまうからこそ、プロとアマチュアの差が明確になった。これはライティングでも同じことが言えると思う」

この話を聞いたときに「なるほどな」と思ったのと同時に、だからこそクオリティを追求しなければいけないと思いました。でないと、ＡＩが出力した文章をうまく編集できないからです。

今からＷｅｂライターをはじめる人は、この点について注意しなければいけません。**ゼロから記事を書く経験をせずに最初からAIを使ってしまうと、地力《じりき》が上がらないため、AIが出力した文章をうまく編集できません。**そうなるといずれ仕事はなくなるでしょう。

もちろんＡＩを活用して文章を書いてもいいのですが、ゼロから書く経験は必須と言えます。

8

会社を希望退職して、50代からWebライターを目指す

むらなす（緒方 智幸）さん

50代 | 男性 | パートナー、20代息子と3人暮らし
X：@sigoto_muranasu

▲ 早朝の阿蘇と雲海と放牧牛、そして愛機

むらなすさんは、勤めていた化粧品製造販売会社が希望退職を募った際、「年長者が退くべき」という思いから自ら退職を決意しました。社長との面談の際は、お互いが涙を流しながら苦労を労《ねぎら》ったそうです。その後、物流会社の契約社員として再就職して、副業として中国せどりやダイエットブログに挑戦しました。しかし思うように結果が出ず断念。それでも副業への情熱は途切れず、SNSでWebライターの存在を知り、新たな挑戦をはじめました。

コロナ禍で会社を希望退職した後、副業Ｗｅｂライターに転身。大好きなバイクに関する記事を書く日々

34年間、会社員として働いてきたむらなすさん。コロナ禍による希望退職を経て、物流会社の契約社員として再就職したのちに、副業Ｗｅｂライターという働き方にたどり着きました。

希望退職した際に収入の柱を増やすことの重要性に気づき、様々な副業にチャレンジするも挫折の日々。紆余曲折の末に、今では副業Ｗｅｂライターとして、大好きな「バイク」に関する記事を書いています。

そんなむらなすさんに、50代からＷｅｂライターを目指したきっかけや、好きなことを仕事にする方法について伺いました。趣味を仕事にしたい人や、年齢を重ねてから副業に挑戦したい人は、ぜひ読んでみてください。

コロナによって会社の業績が悪化。会社のためを思い希望退職に手を挙げた

Q―むらなすさんは会社を希望退職されたとお聞きしました。詳しい経緯を教えてください。

当時、インバウンド向けの化粧品を製造、販売する会社に勤めていましたが、新型コロナウイルス感染拡大の影響で業績が悪化し、希望退職を募っていました。たしかに先行きは不透明でしたが、あまりに突然のことだったので驚きました。社内が不穏な空気になっていたことを今でも覚えています。

当時54歳だった私は「年長者は会社を去ったほうがいい」と判断して、いちばんに手を挙げることに決めました。大好きな会社だったので残念でしたが、だからこそ自分が手を挙げるべきだと思ったんです。

その夜、希望退職に応募したい旨を家族に相談したら「いいんじゃない？　今まで頑張ったよ。会社を辞めても今後のことはどうにかなるよ」と背中を押してくれ

ました。希望退職に応じれば退職金が割り増しになったり、すぐに失業保険（失業給付・失業手当。雇用保険の基本手当）を受け取れたりというメリットもありましたが、決断できたのは家族の後押しが大きかったです。

希望退職を募った翌日から、経営陣が社員一人ひとりに退職の意思を確認する面談がありました。希望退職に応募することに決めていた私は、最初に面談してもらえるようにお願いしました。そこで「会社が苦しい状況は理解しているから、私がいちばんに手を挙げます」と言うと、社長が泣いたんです。私も、もらい泣きしちゃいましたよ。これが退職した経緯です。

Q ― 再就職されるまでに苦労はありましたか？

転職先として第一希望に考えていた大手小売会社から不採用の通知を受け取ったときは、ショックが大きかったですね。新卒から15年ほど小売業に携わっていたキャリアを否定された気持ちになりました。理由は教えてもらえませんでしたが、恐らく年齢が原因だと思います。

失業期間中は、ＥｘｃｅｌやＷｏｒｄ、簿記などを学べるハローワーク主催の職業訓練学校に半年間通いました。これまで我流で操作していたパソコンの基礎を学びたかったのと、資格があれば再就職が有利になると考えたからです。そのおかげもあって物流会社に契約社員として採用してもらい、今でもそこで働いています。

せどり、ブログでの挫折を乗り越えて副業Webライターをはじめる

Q — 再就職した後、すぐにWebライターをはじめたのでしょうか？

いいえ、Ｗｅｂライターをはじめたのは再就職してから2年後です。1年目は副業をしておらず、２年目から中国輸入せどりをはじめました。中国から低価格で商品を仕入れて日本で売るというビジネスですね。これに挑戦したのは、妻に「せどりっていうビジネスがあるらしいよ」とＹｏｕＴｕｂｅの動画を見せてもらったことがきっかけです。

それから中国輸入せどりをはじめて、1か月の売上が20万円を超えたこともありました。でも梱包《こんぽう》、発送業務に追われる日々に限界を感じたため、撤退とまではいきませんが規模を大幅に縮小しました。

次にはじめた副業はブログです。再就職するまでの1年間で10キロの減量に成功したので、その経験を活かしてダイエットブログをはじめました。しかし、いくら記事を書いても収益化できず、結局1円も稼げませんでした。途中でバイク歴40年を活かしてバイクブログにも挑戦しましたが、それもダメ。現実の厳しさを痛感しました。

そんなときに、とあるライターさんのXで、Webライターという職業を知ります。その人がXに投稿していた「ブログで収益化するのは極めて難しい。だからまずはライター業に注力して、それが軌道に乗ってからブログのことを考えればいい」というポストが心に響いたんです。それをきっかけにWebライターをはじめました。

Q―Webライターをはじめてからはスムーズでしたか？

順風満帆とはいきませんでした。クラウドソーシングサイトで20件以上応募しましたが、全部落ちました。今振り返ると、ライターとしての実績がないにもかかわらず、単価の高い案件ばかり応募していたことが原因だったと思います。

どうしたものかと悩んでいたある日、先輩ライターがXで「直接営業」について投稿していました。直接営業とはその名の通り、お問い合わせフォームから提案文を送るなど、メディアへ直接営業をかけることです。クラウドソーシングサイトではなかなか受注できなかった私は「これだ！」と思い、かねてから書きたいと思っていたバイク関連のメディアを中心に営業しました。

趣味として乗りつづけたバイクへの熱量と、収益化できなかったバイクブログを実績として提示したところ、採用のご連絡をいただけました。念願のメディアでの執筆が決まったときは、本当にうれしかったですね。その後も営業をつづけたところ、結果的に3つのバイクメディアで採用してもらえました。

Q― 今は物流会社の契約社員として働きながら、副業でＷｅｂライターをしていますよね。執筆時間はどのように捻出されているのですか？

早朝の時間を使っています。毎朝3〜4時に起きて6時30分頃まで執筆した後、朝食を食べてから出勤します。この生活はＷｅｂライターをはじめた２０２３年3月からつづけていて、今ではアラームなしで起きられるようになりました。

労働時間が長くなるので家族から体調を心配されることもありますが、私はＷｅｂライターの仕事を楽しんでおり、家族もそれを知っています。だから心配されることはあっても反対されることはありません。そういう環境でＷｅｂライターをつづけられることに、とても感謝しています。

大好きなバイクが仕事に！嫌いになりそうなら離れればいい

Q― Ｗｅｂライターの仕事はどのようなときに楽しさを感じますか？

リアルな出会いがあったときと、新たな知識を得られたときです。

私はバイク専門のライターなので、取材のために地元のライダーズカフェ（バイク好きが集まるカフェ）に行くことがあります。そこで出会った人へ取材した記事がメディアに掲載されると、取材相手がすごく喜んでくださるんです。

また、取材中に「あそこのランチが美味しいから取材してみたら？」「ここの景色も絶景だから行ってみたら？」というように、おすすめスポットを教えてもらえたりします。その情報をもとにまた別の取材先へ行くという、出会いの連鎖が生まれます。それがもう楽しくて。

他には、Webライターの仕事を通して、新たな知識を得られることも楽しいですね。私はこれまで40年間バイクに乗ってきましたが、まだまだ知らないことがたくさんありました。

たとえば、クライアントから「着るエアバッグの記事を書いてほしい」と依頼をいただいたことで、そのような安全装備があることをはじめて知りました。知らないテーマの執筆は、リサーチに時間がかかるため敬遠するライターもいますが、私は新たな知識を得られるので逆にワクワクします。

Q　マインド面での変化はありましたか？

Webライターをはじめてからポジティブになったと思います。会社員時代は、結論が出ないことをウジウジ考えることもあったのですが、今は「とりあえずやってみよう。失敗したら失敗したでいいじゃないか」というマインドに変わりました。これはPDCA（計画→実行→評価→改善）サイクルをまわす癖がついたからだと思います。

私は、自分の記事がメディアに掲載されたら、Google検索の順位を見たりPV数を確認したりしています。思うような結果が出なかった記事は、その要因を分析し、次の記事で改善していきます。それを繰り返していくうちに「失敗しても次の改善策を考えればいい」というポジティブな思考が身につきました。

Q　大好きなバイクだからこそ、それを仕事にすると嫌いになることはありませんか？

バイクを嫌いになったことも、バイクの記事を書くのが嫌になった経験もありません。でも好きなことを仕事にしたことで、それを嫌いになってしまう人もいるでしょう。そうなったら、いったん好きなことについての仕事から離れてみるといいと思います。

私もバイクの記事を書いているとき、嫌になることはありませんが「めんどくさいな」と感じることはあります。そういうときは、アウトドアや転職といった別ジャンルの記事を書くようにしているんです。少し距離を置くと、またバイクについて書きたくなります。逆説的ですが、好きなことをしない時間をつくるのが、好きなことを仕事としてつづけられる秘訣だと思います。

これは、書くことが嫌いになりそうなときも同じです。そうなったときは、仕事から離れて好きなことに没頭するといいと思います。そのうち気持ちがリフレッシュされて、また書きたくなるはずです。

私にとって「バイク」がそうであるように、もし何か情熱をもって語れる趣味があるなら、ぜひWebライターにチャレンジしてみてください。すごく楽しいですよ。

Webライターにとってブログは武器になる

Webライターラボ主宰　中村昌弘より

僕がWebライターラボをつくったのは、コロナ禍によって、社会が激変していた2021年の夏でした。SNSでは「在宅ワーク」や「副業」がブームとなりました。Webライターラボには、むらなすさんのように様々な副業にチャレンジして、最終的にライターの道を選んだ人が多くいます。

むらなすさんは、趣味のバイクがそのまま仕事になりました。それができた理由のひとつに、ブログを書いていたことが挙げられるでしょう。バイクブログを読んだクライアントは、むらなすさんがどんな記事を書くのかイメージがわいたので、執筆を依頼したのだと思います。

クライアントがライターを採用するとき、いちばん気にするのは記事の質なので「自分はこんな記事を書けますよ！」とアピールすれば、提案は通りやすい。だからブログが効果的なのです。

Webライターラボでもよく言うのですが、**ライターをはじめたばかりで実績がない状態なら、まずはブログを書いてポートフォリオ（作品集）をつくることをおすすめします。**やり方は簡単。興味のあることや得意なことについて、キーワードを定めて記事を書くだけです。

たとえば、僕が今からWebライターをはじめるなら、不動産会社に勤めていた経験を活かしたいので、「マンション売却　方法」などの不動産に関するキーワードを定めるでしょう。

その後、実際にそのキーワードでGoogle検索をして、上位に表示された記事を読み、それを参考にしながら記事を書くという流れです。あくまで参考にする程度で、真似をしてはいけません。なるべくオリジナルな記事を書きましょう。

このように、記事を書き溜めたブログをつくってから営業すると、案件を受注しやすくなります。記事は3本ほどあれば十分なので、これからWebライターをはじめる人や、なかなか提案が通らない人は、ぜひ試してみてください。

9 東京で消耗し淡路島へ移住

小林 力さん

30代 | 男性 | パートナー、5歳娘、3歳息子と4人暮らし
X：@koba_iju

▲島暮らしの子育て

東京でSE(システムエンジニア)として勤務していた小林さん。看護師をしているパートナーが夜勤のときは、仕事後に往復2時間かけて職場から保育園まで迎えに行っていたそうです。そんな日々に疲弊していた中、パートナーが2人目のお子さんを妊娠したことを機に、「もっと子育てしやすい環境に移住しよう」と決意しました。それから縁あって、地域おこし協力隊として淡路島へ移住。過去にブログを書いていた経験を活かし、副業Webライターをはじめました。

東京で消耗し淡路島へ移住。子育てと仕事を両立させている島生活

4年前に東京から淡路島へ移住した小林さん。東京に住んでいた頃は、子育てと仕事の両立に消耗していました。

パートナーが2人目の子どもを妊娠したことを機に、東京から離れることを決意。地域おこし協力隊の一員として移住しました。その後、未経験からはじめたWebライターの仕事が軌道に乗り、独立を果たします。今では17時に仕事を切り上げ、その後は家族団欒の時間にあてているそうです。

そんな小林さんに、淡路島へ住むことになったきっかけ、移住後の生活、Webライターとして独立するまでに至った経緯を聞いてきました。自分の時間を確保したい人、今の生活に消耗している人はぜひ読んでみてください。

東京で消耗。子育てしやすい環境を求めて淡路島へ移住

Q ― 移住したきっかけを教えてください。

子育てしやすい場所に住みたかったことです。今から5年前、僕が28歳、妻が29歳のときに1人目の子ども（娘）が生まれ、その翌年に2人目の子ども（息子）を妊娠しました。その頃は東京に住んでおり「この環境で2人を育てるのはちょっと厳しいな」と思ったんです。

当時、僕は新宿の会社でSEをしており、妻は埼玉県狭山市の病院で看護師をしていたため、どちらにも行きやすい東京都の東村山市に住んでいました。勤務していた病院に託児所があったので、妻が子どもを送り迎えしてくれていたのですが、夜勤のときは僕が迎えに行きます。

そうなると、新宿から狭山まで子どもを迎えに行った後、そこからまた東村山の

自宅へ帰ることになるので、合計2時間くらいかかるんですよ。娘が電車内でぐずることもあり、1回電車を降りてなだめてからまた乗る、といったこともよくありました。

その状況でもう一人増えるとなると、0歳の息子が乗っているベビーカーを押し、2歳の娘を抱っこして電車に乗ることになります。そんな姿を想像したら「東京で子育ては無理かも」と思いました。妻も同じ気持ちだったようで、2人目が生まれる前に東京から離れることを本格的に検討しました。

Q―なぜ淡路島だったのでしょうか？

知人から地域おこし協力隊の話を聞いたことがきっかけです。地域おこし協力隊とは、その地域を活性化させるために、地域ブランドや地場産品の開発・販売をおこなったり、移住者や地元住民の支援をおこなったりする仕事です。

その協力隊に参加していた知人から「毎月20万円ほどの固定報酬を3年間もらえ

る。業務委託という形式だから副業もできる。独立や起業を見据えて働きたいならおすすめ」と聞きました。詳しく調べたら、協力隊にも色々な雇用形態があり、知人の場合は副業の時間を確保できる形態だったようです。

もともと僕は、どんな場所でも仕事ができるフリーランスのような働き方に憧れがあったので、その話を聞いたときに「自分が理想としている働き方を実現できるかも」と思いました。

そこで協力隊についてネットで調べてみたら、たまたま妻の実家に行き来しやすい淡路島で募集が出ていました。そこに応募したところ、無事に採用していただき移住に至るという流れです。

文章を書く仕事がしたい。初案件は移住体験の記事

Q — 移住してからどんな仕事をしていたのでしょうか？

1年目は、ほぼ地域おこし協力隊の仕事をしていました。過疎集落の地域活動の

支援や、地域の飲食店・農家さんの集客や販売支援などをする仕事です。仕事があるのはありがたかったのですが、地域おこし協力隊は3年間で任期が終わるので「任期満了後は何をしようかな」と内心は焦っていました。

移住してから9か月ほど経った年の瀬に「そろそろ新しい収入源をつくらないとまずいぞ」と危機感を覚え、文章を書く仕事に挑戦してみようかなと思いました。というのも、僕は淡路島への移住が決まったときに「移住先ってどう決めたらいい？」「何からはじめたらいい？」などのテーマでブログを書いていたので、その経験を活かせると思ったんです。

ブログを書いていたときからＷｅｂライターの存在は知っていましたが、実際に文章を書いてお金をもらうことに抵抗があり、なかなか踏み出せずにいました。そんなとき、クラウドソーシングサイトに「移住体験を書いてください」という募集があったので、これなら自分にも書けそうだと思い応募しました。体験談を書ける点が評価されたのか、無事に採用してもらえました。

Q━その後、Webライターとしてどのように活動したのでしょうか？

Webメディアの編集者をしている知人から「SDGs系の案件があるから書いてみる？」と依頼をいただきました。喜んで引き受けたのですが、全く知見のないジャンルの記事だったこともあり、執筆には苦戦しましたね。その経験から独学に限界を感じ、きちんと勉強しなおそうと思ってWebライターラボに入りました。

そこで、ライティングの基礎や営業方法などを学んだことによって、クラウドソーシングサイトで少しずつ案件を受注できるようになったんです。移住系やIT系など、自分の得意分野に注力したのがよかったのだと思います。

他にも、デザインに関する案件も知人から発注していただきました。クライアントがPowerPointやWordでつくった資料をきれいに整える仕事だったので、未経験の僕でもできました。

1年目からWebライターだけでなくデザイン関係の仕事をいただけたのは、大変ありがたかったです。

経験を活かして案件の幅を広げる

Q―2年目以降はどのように活動されたのでしょうか？

クラウドソーシングサイトだけでなく直接営業をして案件を受注しました。直接営業だと手数料が取られないため、単価が上がりやすい傾向にあります。他にも、2年目の後半からホワイトペーパーに関する仕事が増えてきました。ホワイトペーパーとは、企業が顧客に向けて役に立つ情報をまとめた資料のことです。

受注したきっかけは、打ち合わせをしていたときに「こういうのつくれませんか？」と相談されたことです。ホワイトペーパーをつくった経験はなかったのですが、スライドを制作したことはあったので「できます」と伝えました。それ以降、継続的に発注していただき、今でもメインの仕事のひとつになっています。

Q　ー　フリーランスとして活動していけそうだと思ったのはいつですか？

地域おこし協力隊に参加してから、2年が過ぎた頃ですね。あと1年で協力隊を卒業するタイミングで、「固定報酬の20万円がなくてもやっていけるかも」と思いました。

理由は、記事の執筆だけでなく、ホワイトペーパーやスライド制作など幅広く案件を受けていたことと、継続的に依頼をいただくクライアントが増えていたからです。また、直接営業をしたことでクライアントの顔が見えている安心感も、自信につながりました。

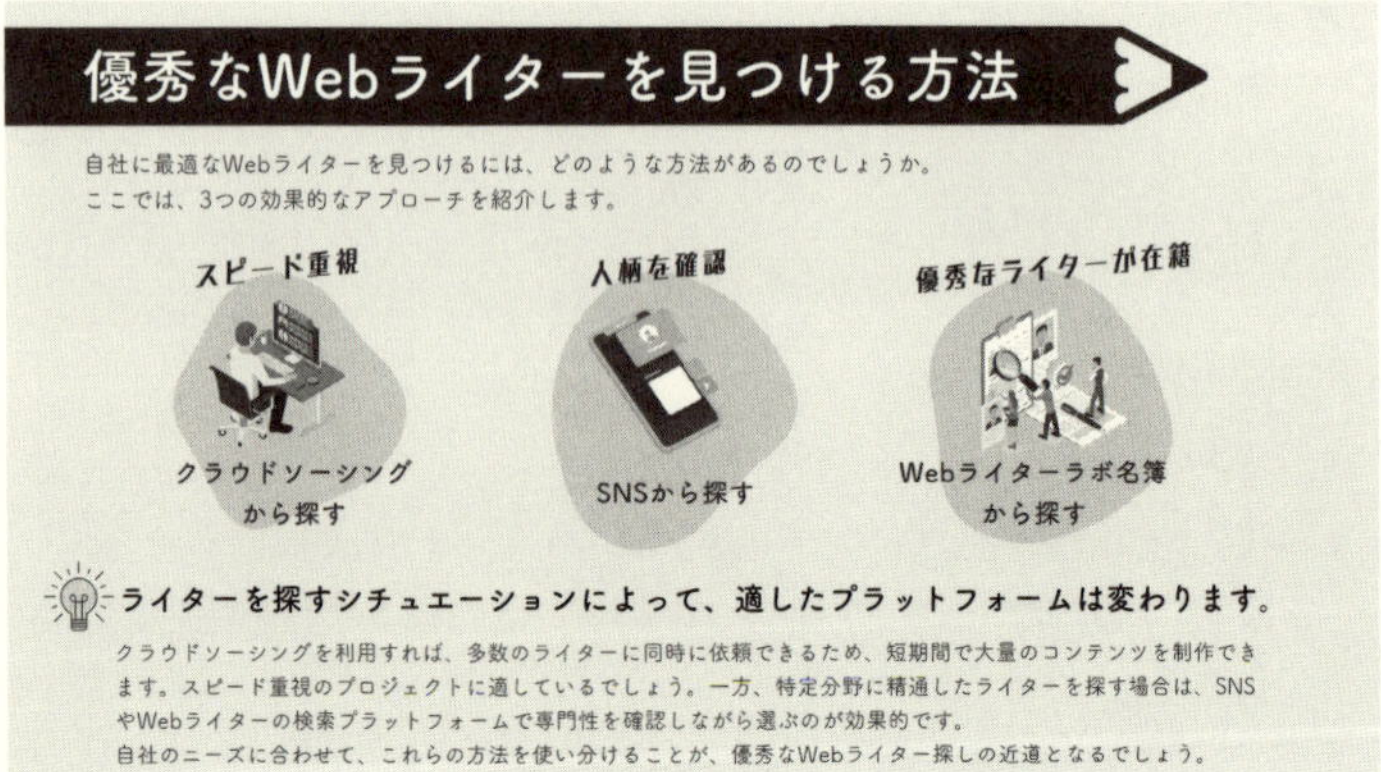
優秀なWebライターを見つける方法
自社に最適なWebライターを見つけるには、どのような方法があるのでしょうか。
ここでは、3つの効果的なアプローチを紹介します。
スピード重視
人柄を確認
優秀なライターが在籍
クラウドソーシングから探す
SNSから探す
Webライターラボ名簿から探す
ライターを探すシチュエーションによって、適したプラットフォームは変わります。
クラウドソーシングを利用すれば、多数のライターに同時に依頼できるため、短期間で大量のコンテンツを制作できます。スピード重視のプロジェクトに適しているでしょう。一方、特定分野に精通したライターを探す場合は、SNSやWebライターの検索プラットフォームで専門性を確認しながら選ぶのが効果的です。
自社のニーズに合わせて、これらの方法を使い分けることが、優秀なWebライター探しの近道となるでしょう。

実際のホワイトペーパー。写真はWebメディアを運営している企業に向けて、Webライターをスカウトできる「Webライターラボ名簿」というサービスを説明しているもの。

移住して家族の時間が増えた。早朝に仕事して17時に切り上げる生活

Q──移住後、子育てはどう変化しましたか？

移住してからは本当に子育てがしやすくなり、家族団欒の時間が増えました。東京に住んでいた頃は、7時に家を出て満員電車に揺られながら職場まで向かい、8時半から仕事をはじめ、19時頃に帰宅。家族でご飯を食べて23時に寝るという生活でした。プロジェクトによっては22時に帰宅ということもあったため、家族と過ごす時間は長いとは言えませんでしたね。

移住してからは、朝の4時に起きて、妻と子どもたちが起きてくるまで仕事をして、7時頃に家族みんなで朝ご飯を食べます。その後、8時に妻と子どもたちを見送って、引きつづき自宅で仕事をします。

妻は淡路島でも看護師として働いているのですが、東京に住んでいた頃と違って

夜勤はなく、17時過ぎに子どもを迎えに行ってくれます。その時間を見はからって僕も仕事を終え、夕食の準備に取り掛かり、妻と子どもが帰ってきたらみんなでご飯を食べます。その後はソファーに座りながら子どもたちとお絵描きしたり、パズルで遊んだりして、21時半くらいには一緒に寝るという生活です。

東京にいた頃と違い仕事や通勤で疲弊していないため、家族みんなでリラックスして過ごす時間が増えました。

Q―未経験からWebライターに転身し、今の生活を手にしたわけですが、そんな小林さんは、どんな人にWebライターの仕事をおすすめしますか?

Webライターの仕事は時間をコントロールしやすいので、自分の時間を確保したい人におすすめですね。

先ほど言ったように、今の僕は21時半に寝て朝4時から仕事をするという超朝型スタイルです。でも、このスタイルは自分の体調によっても変えますし、子どもが成長するにつれても変わるかもしれません。そのときの状況に合わせて、仕事を開始する時間帯も、仕事をする時間自体も変えられるのは、Webライターだからこそのメリットだと思います。

他には、今の仕事にやりがいを感じていない人にもおすすめです。僕は東京でSEとして働いていたとき、企業の人事管理システムを開発していました。100人以上が関わる大きなプロジェクトだったので、案件の全体像は見えませんし、実際にシステムを利用するユーザーの反応も見られません。大規模な仕事に関われる楽しさはあったのですが、虚《むな》しさがあったのも事実です。

一方、Webライターの仕事は、自分が書いた記事を読んでくれた読者やクライアントから直接お礼を言われることもあります。それがすごくうれしいんですよ。SE時代には味わったことのない感覚でした。

もちろん稼げるようになるまでは楽ではありませんが、今の仕事にやりがいを感じられない人は、副業Webライターからはじめてみるのはありだと思います。

一次情報をもつことと学ぶことの重要性が増していく

Webライターラボ主宰　中村昌弘より

未経験からWebライターをはじめる人の中には「自分に何が書けるか分からないので、とりあえず色々なジャンルを書く」という人もいます。その方法も悪くはありませんが、その前に今までの経験を棚卸しすることをおすすめします。要するに、自分にどんな体験、経験があるのかを言語化し、見つめ直す作業です。

小林さんの例であれば、会社員時代にSEとして働いていたことや、島に移住する際にブログを書いていたこと、そして移住後に地域おこし協力隊として活動していたことなどですね。このような体験や経験に基づいた記事は情報が濃くなるので、読者にとっても有益です。

今や、ネットの情報をもとにAIが記事を書けてしまう時代。もちろん、まだ人の手を加える必要はありますが、うまく指示を出せば全くライティングを勉強していない人でも70点くらいの記事は書けます。

そんな状況で**重要になってくるのが、AIがもっていない一次情報**（**体験談など**）**、あるいはそれに近い情報をもっているか否か**です。経験を棚卸しすることで、自分がもっている一次情報の可視化にもつながるので、Webライターを目指すならぜひ試してみてください。

やり方は簡単です。思いつく限り、自分の体験や経験を書くだけ。僕の周りでは「相続した経験がある」人が相続に関する記事を書いたり、「キャンプが好き」な人がアウトドアに関する記事を書いたりしています。

一見するとライターに関係ない体験や経験でも、意外と書くことにつながるため、とにかく思いつく限りバーッと書いてみましょう。思いもよらぬことが、自分の武器になるかもしれません。

10 医療系ライターとオンライン秘書の二軸で活動するシングルマザー

ひがしさん

50代 | 女性 | 17歳息子と２人暮らし
X：@higashisan0055

▲息子のつくったマスコットに見守られて

ひがしさんは、50歳まで理学療法士の仕事に従事していました。患者のリハビリを支えながら、シングルマザーとして家事と育児を一人でこなす多忙な日々を過ごしていました。加えて、コロナ禍では訪問リハビリを拒否されるなど精神的な負担が増大した上に、自宅の階段から転げ落ちて左肩を負傷してしまいます。それでも仕事に行かなければならない状況に「在宅ワークなら無理なく働けるのでは？」と思ったとのこと。そこで、Web記事で紹介されていたオンライン秘書をはじめてみることにしました。

医療職から畑違いのWebライターへ。
書くことを軸にマルチに活躍するフリーランス

50歳まで理学療法士として働いてきたひがしさん。コロナ禍に際し医療職に従事した過酷な経験や自身のケガを機に、働き方を見直し退職を決意したそうです。それから50代で畑違いのWebライターに挑戦。現在は前職の経験を活かした医療系ライターと、オンライン秘書の二軸でマルチに活躍しています。

そんなひがしさんに、50代から未経験でWebライターをはじめたときの不安や、収入が安定している医療職から離れる怖さ、マルチに活躍できるようになるまでの道のりを伺いました。年を重ねてから第二の人生を歩みたい人、収入の柱を複数もちたい人は、ぜひ読んでみてください。

50歳で医療職を辞め、未経験から在宅ワークに挑戦

Q ― Webライターになる前は、どんなお仕事をしていたのでしょうか?

理学療法士として働いていました。ケガや病気によって身体を動かせなくなった人のリハビリをサポートする医療職です。

総合病院に勤めていたときは1日7~8人、一人あたり20~40分程度のリハビリをおこないました。立ち上がりや歩行練習のときには、体重が重い患者さんも支えなければいけないので体力が必要な仕事です。人の身体を守ったりサポートしたりするという、やりがいのある仕事だったのですが、仕事と子育ての両立は大変でした。

私は離婚していてシングルマザーなので、家事と育児を一人でこなしながら病院勤務をする毎日でした。当時は、仕事が終わって18時頃に帰宅したら、すぐに中学

生の息子を塾へ送り、終わった頃に迎えに行きます。その後、21時過ぎから2人で夕ご飯を食べるという生活だったので、なかなか大変でしたね。

Q――理学療法士を辞めたきっかけは何だったのでしょうか？

医療職は負担が大きく、心身ともに限界に達してしまったことです。最初のきっかけは、コロナ禍の過酷な状況下で、医療従事者として働くストレスでした。たとえば、訪問リハビリをすると患者さんから「もう来ないでくれ」と言われることもありました。

それくらい、みんなが新型コロナウイルスに敏感になっていた時期だったんです。さらに、感染対策のために医療従事者は私生活も厳しく制限されていたため、本当に鬱々とした日々を過ごしていました。

また、その頃は家庭でも悩み事があり、精神的にかなり参っていました。そんな状態だったので、車の運転中に自損事故を起こしてしまい、「これはだいぶ疲れているな。命に関わる仕事をしているのに、このままではいけない」と思いました。

でも不幸はつづくもので、同じ時期に自宅の階段から転落し、左肩を痛めてしまいます。仕事を休むわけにはいかないので、痛みを抱えながら仕事をしていました。そのとき「自分がケガをしていても、患者さんを支えないといけないのはしんどいな。在宅ワークなら無理のない範囲で働けるのに」と思ったんです。

このような一連の出来事があり退職を決意しましたが、50歳からの再スタートだったので、正直不安はありました。理学療法士は収入も安定していたので、それを手放すのも怖かったです。でも、もう心と体は限界で、とにかく休まないとダメだと思いました。

Q――退職後、はじめての在宅ワークにオンライン秘書を選んだと伺いました。きっかけは何だったのでしょうか？

Ｗｅｂ記事を読んだことです。在宅ワークをやりたいとは思っていましたが、どんな職種があるのか分かりませんでした。そこでＧｏｏｇｌｅ検索で「在宅ワーク」を調べてみたら、事務やスケジュール管理などをサポートする「オンライン秘書」を紹介している記事を見つけました。そこに「誰でもできる」と書かれていたので、チャレンジしてみることにしたんです。

とはいえ、何も知らない状態からはじめるのは怖かったので、理学療法士として働きながら講座に通いはじめました。その3か月後に理学療法士の仕事を辞めて、本格的に始動します。

Q — オンライン秘書としてどんな仕事を受けたのでしょうか?

最初に受けた仕事はSNS運用代行です。オンライン秘書講座の先生から「私のXを運用してみませんか?」とお声がけいただいたことがきっかけです。SNS運用代行の業務範囲は案件によって異なりますが、私が受けた仕事は「Xの投稿文を書く」という内容でした。その先生の見込み客、つまり私のようにオンライン秘書を目指している人に向けて文章を書く仕事です。

2件目の案件も講座の先生からいただいた、元プロ野球選手のInstagramの運用代行でした。写真を1枚選定して投稿文を書く仕事です。このように、独立当初はＳＮＳ運用代行をメインに活動していました。

収入の柱を増やしたい！ オンライン秘書と並行してＷｅｂライターを開始

Ｑ　オンライン秘書からＷｅｂライターに仕事の幅を広げたきっかけを教えてください。

オンライン秘書の収入だけでは心もとないので、収入の柱を増やしたくて他の在宅ワークを探したことがきっかけです。改めて「在宅ワーク」をＧｏｏｇｌｅで検索してみたところ、Ｗｅｂライターを紹介している記事があり、興味がわきました。

というのも、私は理学療法士として働いていた頃、医師に患者さんの状況を伝える報告書を毎月書いていたんです。なんとか医師の目に留まるように、感情を込めてエピソードを書いていました。その経験から、文章を書くことならできるんじゃないかと思い、挑戦してみることにしました。

Ｑ　Ｗｅｂライターとしてどんな仕事を受けたのでしょうか？

クラウドソーシングサイトで見つけた「スポーツ選手についての記事執筆」がはじめての仕事でした。スポーツ観戦が好きだったので、楽しそうだなと思ったことが応募した理由です。

でも、いざ取り組んでみると予想以上に調べることがたくさんあり、書き終えるのに3〜4時間もかかってしまいました。時給に換算するとわずか数十円ほど。この案件をつづけるのは厳しいと思い、記事を5本書いた時点で契約終了とさせてもらいました。

2件目は前職の経験を活かしたいと思い、クラウドソーシングサイトで「医療記事の構成」をつくる仕事を受注しました。構成をつくるだけなら経験の少ない自分にもできると思ったのですが、やってみると難しかったです。構成を1本つくるのに3〜4時間かかってしまい、こちらも時給は崩壊しました。

このように最初はなかなか稼げない日々がつづきましたね。

Q―現在は医療系ライターとして活躍されていますよね。きっかけは何だったのでしょうか?

先輩ライターから助言をいただいて、薬機法管理者の資格を取得したことです。活躍されていた現役のWebライターさんに「子どももいるので、もっと収入が必要なんです」と相談したら、「医療系に特化したほうがいい。医療分野は資格をもっていると強いから、薬機法管理者を取ったらどう?」とアドバイスをいただきました。

そのアドバイス通り資格を取得したところ、薬機法管理者限定の案件を受注できるようになりました。仕事内容は記事が薬機法に触れていないかをチェックすることです。時給は1300円ほどだったので、それまでの案件に比べると金額が上がりました。

さらに「医療系ライター」という肩書きを名乗ったことで、知人からも発注してもらえるようになりました。資格を取って肩書きをつけたことで、「医療系ライターの道が開けたな」と、うれしくなったことを覚えています。

在宅ワークで子どもとの時間や自分の時間をもてるようになった

Q ― Webライターになってから、ご家族との関係に変化はありましたか？

子どもと過ごす時間が増えました。理学療法士のときは外で働いていたので、息子が帰ってくる時間には家に誰もいませんでしたが、今は必ず私がいます。だから、すごくいい笑顔で帰ってくるんですよ。息子に「おかえり」と言えるので、在宅ワーカーになって本当によかったと思います。

また、息子の休みに合わせて旅行もできるようになりました。病院に勤務していた頃は、土日祝日も出勤だった上に連休も取りにくかったので、息子とスケジュールを合わせることが難しかったです。でも今は、比較的自由なので予定を立てやすい。子どもとの時間が増えたのはうれしいですね。

Q―50代からWebライターに新しくチャレンジしたい人へアドバイスをお願いします。

50代は、Webライターをはじめるのに向いている年代だと私は考えています。50代にもなると、これまでに色々な経験をしていますよね。その経験は書く仕事をする上で財産になるため、Webライターに興味がある人は自信をもってチャレンジしてほしいと思っています。

とはいえ、年齢的に無理はできません。徹夜もできないし、若い人ほど体力はないので自分のペースでやっていきましょう。自分の時間をもつことで精神的な余裕も生まれます。

あと、やりたいことを見つけられたのも、Webライターになったからだと思っています。独立をして自由な時間が増えたことで、精神的に楽になりました。最近は気力が充実していて、やりたいことがたくさんあるんですよ。

具体的には、医療的なケアが必要な子どもと、その親御さんについて書きたいです。たとえば私の知人のお子さんは病気をもっているので、歩行や食事に介助を要します。環境が整っている保育園にしか預けられないため、探すのが大変で、仕事をあきらめないといけないかもと言っていました。文章の力で、そういう困った状況にいる人たちの力になりたいと思っています。

他にも私はＡＩにも詳しいので、ＡＩを使って仕事をする方法を広めたいです。たとえば、子育てが忙しく仕事の時間がなかなか取れない女性がＡＩを活用すれば、短時間でもパフォーマンスを発揮できます。そうなれば働き方の幅が広がるため、その助けになりたいです。

これはアドバイスというより私の今の気持ちなのですが、挑戦することの素晴らしさが少しでも伝わればうれしいです。

Ｗｅｂライターは複業との相性がいい

Ｗｅｂライターラボ主宰　中村昌弘より

ひがしさんは、Ｗｅｂライターとオンライン秘書を兼務しています。ひがしさんのように、Ｗｅｂライターをしながら秘書業務をしたりＳＮＳの運用代行をしたりという人は、少なくありません。なぜなら、ライティングスキルは汎用性が高いからです。

Ｗｅｂライティングの特徴としては、「結論から書く」「端的に書く」「読者が理解しやすいように書く」などが挙げられます。これは、どの仕事でも重要ですよね。

たとえば、クライアントとやり取りをする際、チャットの内容が分かりにくければネガティブな印象をもたれます。何が言いたいのか分からないメッセージを送ってしまうと、それだけでクライアントからは「コミュニケーションが取りにくい」と思われてしまうのです。

一方、Webライターは結論から書くことに慣れていたり、端的に書けたりするので、文章でのコミュニケーションがスムーズです。

また、**様々な仕事を兼務すると、収入が安定しやすい**というメリットもあります。たとえばWebライターは「1文字3円」や「1記事1万円」など、書いた文字数、あるいは記事数によって報酬が決まるため、書くスピードによって収入は変動します。

一方、オンライン秘書やSNS運用代行は固定報酬の場合もあるので収入が安定しやすいですよね。

ただし、ひとつの職種に集中したほうが、スキルアップをしやすかったり、実績が溜まりやすかったりというメリットもあります。どちらも一長一短なので、自分のキャリアに合わせて選択するといいでしょう。

11

上場企業の管理職を辞して、インタビューライターへ

手塚 裕之（芦田 おさむし）さん

40代 | 男性 | 独身、一人暮らし
X：@osamushiwriting

▲ 仕事場の環境。愛用しているカメラと一緒に

手塚さんは、上場企業の管理職として働いていました。その会社で、上司からは「売上を伸ばせ」というプレッシャー、部下からは「ユーザーに喜んでもらえる企画をつくりたい」という期待を寄せられ、板挟みになっていました。会社に行こうとすると涙が出たり腹痛を起こしたりするなど、心身の限界に直面したため退職を決意します。その後は「もう二度と会社勤めはしない」と決意し、一人でできる仕事を模索。そこでWebライターの存在を知り、挑戦してみることにします。

上場企業の管理職からWebライターへ。40代、未経験からのキャリアチェンジ

2018年に未経験からWebライターとして独立した手塚さん。上場企業で管理職として働いていましたが、メンタル面の不調を感じて40代で退職しました。その後「自分にもできそうだから」と、未経験ながらWebライターをはじめてみたところ、想像以上に自分に合っていたとのこと。少しずつ成果が出てきて、現在はインタビューライターとして活躍されています。

そんな手塚さんに、会社を辞めるに至った理由、40代から未経験の分野に飛び込む苦労、そして今後の展望について伺いました。今の状況を変えたいけれども、年齢を理由になかなか一歩を踏み出せない人は、ぜひ読んでみてください。

会社では上司と部下の板挟み。メンタルを病みかけ、会社を退職

Q―Webライターになる前は何をしていたのでしょうか?

オンラインゲームを運営する上場企業で働いていました。中国や台湾でつくられたゲームを、日本でも展開できるようにアレンジして運営する会社です。

その会社には、30歳のときにアルバイトとして入りました。というのも、僕が就職活動をしていた時期は氷河期だったので、新卒では就職できず、フリーターとして色々な仕事をしていたんです。ただ、アルバイトとして入ったものの仕事ぶりが認められ、正社員として雇ってもらいました。

最終的には副部長のポストをもらいましたが、11年半勤めて退職し、Webライターとして独立するに至ります。

Q――会社では順調に出世されたとお見受けしますが、退職理由は何だったのでしょうか？

端的に言えば、部下と上司の板挟みによって精神的に消耗したからです。僕が会社に入社した理由はゲームが好きだったからであり、部下の多くも同じ気持ちでした。だから僕らには「ユーザーが楽しめるようなイベントを企画したい。喜ぶようなアイテムをつくりたい」という純粋な思いがありました。

でも上司からは「課金額を増やせ」「売上を伸ばせ」といった圧力をかけられていたんです。その上司と部下の板挟みに耐えられませんでした。

あとは、業務量が多かった点も辞めた理由のひとつですね。中国や台湾など海外の会社と取引をしていたので、文化の違いや言語の違いのせいか、こちらの考えが相手にうまく伝わりませんでした。いつもスケジュールが押し気味で残業が多かったので、メンタルを病んで辞める人が多かったのです。

僕自身、会社に行こうとすると涙が出たり、会社へ向かう途中にお腹が痛くなったりという状態になっていました。心身が壊れる前に辞めなければと思ったので、次の仕事も決まらないまま退職しました。

Q ― 上場企業を退職したとき、ご家族の反対はなかったのでしょうか？

両親は会社を辞めたことに対してがっかりしていました。両親からすると、就職に失敗してフリーターとしてフラフラしていたような息子が、上場企業に就職して管理職にまでなり安心できると思った矢先に、突然退職したわけですからね。だから両親に対しては、申し訳ないことをしたなと思っています。

未経験からWebライターへ。700円稼げて「俺って天才かも」と思った

Q ― なぜWebライターになったのですか？

自分にもできそうだと思ったからです。会社を辞めたときは「もう二度と会社勤めはしない！」と心に決めていたので、一人でできる仕事を探していました。最初

は、せどり（転売）やブロガーにチャレンジしたのですが、生活できるほど稼ぐのは厳しそうだと思い断念しました。

次に検討したのがWebライターです。僕が会社を辞めた2018年は、クラウドソーシングサイトが世間に浸透しはじめた頃でした。「そんなサイトあるんだ」と思いチェックしてみたところ、未経験の自分でもできそうな案件があったので、さっそく応募してみました。

Q ― 未経験からのスタートですよね。苦労したのではないでしょうか？

それが割と順調だったんですよ。はじめて受注した案件は、クラウドソーシングサイトで見つけた「スマホゲームの紹介記事の執筆」でした。記事の書き方が全く分からなかったので、他のWeb記事の構成や文体を見よう見まねで書いたところ、4時間くらいで記事が完成しました。

SNSで「2000文字書くのに2日かかりました」という投稿があったので、

「4時間で書ける俺って天才かも！」と勘違いしたんですよね。そのときにWebライターとしてやっていけると思い、2018年12月に開業届を出し独立に至ります。

正式に個人事業主になった後も、クラウドソーシングサイトで出会ったクライアントから大量に発注してもらいました。今振り返ると決して高い単価ではなかったのですが、とにかく書きまくったら月に20万円ほど稼げたんです。思ったよりは順調な滑り出しでしたね。

Q——今はインタビューもされていますよね。どのように学んだのでしょうか？

実践を通じて段階的に学びました。当時所属していたWebライター向けのオンラインコミュニティで、格闘技について書けるライターを募集していたんです。僕は格闘技が好きでよく観ていたので、喜んで手を挙げました。

その案件は取材ありだったのですが、1対1ではなく複数社が質問をする記者会見でした。その後、選手に1対1でインタビューをする機会もいただいたのですが、取材時間は5分ほど。そこから少しずつ時間が延びていきました。

こんなふうに、実践を通じて段階的に経験を積み、今では経営者や飲食店などへインタビューする仕事が増えています。大体1時間～1時間半くらいの取材が多いですね。

Webライターの働き方は自分に合っていた。40代で独立してよかった

Q― 独立してからストレスは減りましたか?

かなり減りました。Webライターをはじめた当初の労働時間は、会社員のときと同じくらい、もしかするとそれ以上だったかもしれません。

でも会社というしがらみから解放され、上司と部下の板挟みがなくなったので、精神的には本当に楽になりました。あとは、仕事をした分だけ収入が増えるのも、自分の性格に合っていた気がします。

Q ― 手塚さんは40代で独立しましたが、もっと早くWebライターになっておけばよかったと思いますか？

あまり思わないです。結果論ですが、いいタイミングでWebライターをスタートできたと思っています。

というのも、30代のときは出世欲が強くギラギラしていたので、そのときに独立していたら「有名になりたい」という欲が強かったと思うんですよ。でも僕は、欲で仕事をするとすぐに飽きてしまって長つづきしないんです。だからギラギラ感も収まり、精神的に落ち着いた40代からWebライターをはじめられたのは、結果的にはよかったと思います。

デメリットを挙げるとしたら関わる人の多くが年下になる点ですね。先日の取材でも、僕以外の関係者3人は全員20代でした。そんな状況なので、とにかく老害感を出さないように気をつけています。

あとは、やっぱり年齢を重ねると体にガタが来て、色々なところが悲鳴を上げる点もデメリットです。会社員と違って体を壊しても誰も助けてくれないので、本当に気をつけなきゃなと思っています。

動ける体をつくってもっと働きたい。ライターは人としての総合力が必要

Q――今後の働き方や生活について、理想があれば教えてください。

もっともっと働きたいです。Webライターをはじめた頃に比べると、最近は長い時間働けなくなってきたと感じます。体感ではピーク時の30％くらいまで短くなりました。

当時より体重が25キロも増量してフットワークが重くなってしまったことと、体のガタが重なったせいですね。1時間仕事をして15分横になる、みたいな生活になっています。これは僕が望む状態ではないので、もっと動ける体をつくってバリバリ働きたいです。

あとは、地域貢献につながる仕事にも取り組みたいと思っています。というのも、今住んでいる東京から地元の栃木に戻る予定なんです。

両親もだいぶ年齢を重ねてきたので、今後のことを考えると近くに住んでいたほうがいいかなと思って。せっかく故郷に戻るのであれば、地元企業を取材する案件などに携わりたいと思っています。それが地元への貢献になればうれしいですね。

Q —— 40代でWebライターに関心のある人に何かアドバイスはありますか？

正直なところ、「楽しいから今すぐにやりましょう！」とは言えません。Webライターに限らず、フリーランスは収入が不安定なので、それに耐えられる人は多くないと思います。僕自身も、コロナの影響で仕事が一気になくなり収入が激減したとき、ものすごく不安になりました。

そのため、もし興味があるなら副業からはじめるといいでしょう。僕みたいにいきなり会社を辞めるのはリスクが高いので、おすすめしません。

また、Webライターは文章力だけの勝負ではなく、総合力が大事という点もお伝えしたいです。その代表格がコミュニケーション力ですね。

Ｗｅｂライターは「部屋から出なくてもできる仕事」や「人と関わらなくていい仕事」などと言われています。たしかに間違ってはいないのですが、クライアントありきの仕事なのでコミュニケーション力は重要です。そこを勘違いするとギャップが生まれてしまうので、注意が必要でしょう。

僕自身は飛び抜けた強みはありませんが、クライアントやライター仲間とスムーズに交流できる点は強みだと感じています。もちろん文章力があるに越したことはありませんが、他の武器があれば十分に戦えます。興味があれば、ぜひ一歩を踏み出してみてください。

Webライターは文章力だけでなく総合力が大事

Webライターラボ主宰 中村昌弘より

手塚さんが最後におっしゃっていた通り、Webライターの仕事は「書く」力だけではなく総合力が重要です。特にコミュニケーション能力は必須と言えます。

以前、知人の先輩ライターがこんなことを言っていました。

「文章力が100点でコミュニケーション力が50点のAさんと、文章力が50点でコミュニケーション力が100点のBさんなら、みなさんはどちらと仕事をしたいですか？　私は絶対にBさんと仕事をしたいです」

はじめは疑問に思いました。コミュニケーションが50点でも、100点の文章を書けるAさんのほうがいいと思ったからです。

しかし、先輩ライターはつづけてこう言っていました。

「文章力が20点なら厳しいけど、50点なら編集の力で引き上げられる。コミュニケーション力が高ければ、こちらの指摘もスポンジのように吸収できるから成長も早い。長期的に一緒に働きたいからこそ、円滑に意思疎通できることは大事」

この言葉で納得しました。たしかに、文章に関しては編集サイドでフォローできるし、コミュニケーション力が高ければ指摘を素直に聞いてくれるため、成長も早いでしょう。

もちろん、AさんとBさんのどちらを選ぶかは、人によって違います。そもそも文章力とコミュニケーション力を点数化すること自体が難しいと言えます。しかし、**ライターに依頼するときに文章力だけで判断するクライアントは恐らくいません。コミュニケーション力をはじめとした、総合力で判断している**と思います。

そういう意味では、フリーランスも会社員も同じです。スキルが高い人だけが会社で出世するわけではなく、部下をまとめ上げるリーダーシップや上司と連携できるコミュニケーション力など、総合力で判断されるケースが多いでしょう。それはWebライターも同じです。

12 小1の壁に備えて「おかえり」が言える体制に

新田 ミキさん

30代 | 女性 | パートナー、7歳娘、5歳息子と4人暮らし
X：@mikifreeeee

▲休日。子どもたちと公園で

ミキさんは生命保険会社の営業職として働いていました。入社1年目に結婚、その1年後に出産を経験。子どもが年中になった頃、SNSで「小1の壁」の存在を知り、自身の勤務時間と学童保育の終了時間が合わない現実を突きつけられました。異動、もしくは業務変更を上司に相談したものの、そのときの制度では「時短勤務」と「退職」の二択しかなかったそうです。悩み抜いた末に、正社員という安定した立場を捨て、家族との時間を優先するために退職を決意。Webライターの道を歩むことにしました。

小1の壁に備えてキャリアチェンジを決断。フルタイムの会社員から毎日「おかえりなさい」が言えるWebライターへ

生命保険の営業職として、残業もいとわずに働いていたミキさん。しかし、結婚と出産を機に働き方について考えるようになりました。特に小1の壁の存在を知ったとき、不安に思ったそうです。

そんな不安を払拭するために長年勤めた生命保険会社を辞め、Webライターとして独立することを決断。今では2人のお子さんを育てながら、地域メディアの取材ライターとして地元山梨の魅力を発信しています。

そんなミキさんに、正社員の立場を捨て新しい働き方に挑戦した思いや、地域に根差したライターとしての展望についてお聞きしました。仕事と育児の両立に悩む人は、ぜひ読んでみてください。

小1の壁を知り退職を決意。先が見えない不安を抱える

Q―Webライターになる前は、どのようなお仕事をされていましたか？

生命保険会社の外勤営業を担当していました。代理店営業として保険代理店や税理士事務所をまわり、保険商品を紹介する仕事です。その会社に入社して1年目に結婚し、それから1年後に長女を妊娠しました。

外まわりが多い仕事だったので、妊娠中もコンビニで休憩を取りつつ、なんとか営業まわりをつづけていました。その後、約1年の育休を経て仕事に復帰したのですが、それから間もなく、働き方に不安を感じはじめたんです。

というのも、営業相手の大半が日中に外まわりをしている企業の人たちなので、アポイントを取れる時間は夕方5時以降がほとんどでした。少しでも遅くなると、

子どもを預けている保育園が延長保育になってしまいます。何とかお迎えに間に合わせるため営業先を走りまわる日々がつづき、いつまで体力がもつだろうと考えていました。

Q――Webライターをはじめたきっかけは小1の壁の存在を知ったことと お聞きしました。この言葉を知ったのはいつ頃でしたか?

長女が年中になった頃にSNSではじめてこの言葉を知りました。

小1の壁とは、子どもが小学校へ入学することによって起こる様々な問題のことです。たとえば、保育園なら子どもを早い時間帯に預けられますが、小学校はそれほど早く登校できません。

また、学校行事で親の出番が増えることや、夏休みのような長期休暇の対応もあります。慣れない学校生活で精神面が不安定になる子どもも少なくありません。多くの親、とりわけ働くママが悩むことが多いのが、小1の壁なんです。

その言葉を知ったとき、慌てて近所の学童保育の時間を調べました。そうしたら午後6時までと書いてあったんです。営業まわりをしている時間と被るため、どうやっても間に合いません。このまま営業をつづけるのは無理だと気づいたので、異動、もしくは担当業務を変えられないか上司に相談しました。

しかし当時はこれといった制度がなく、時短勤務にするか退職するかの二択しかない現実を突きつけられました。時短勤務だと時間的に営業をつづけるのは不可能なので辞めるしかありません。家計はどうしよう……と、真剣に悩みはじめました。

不安を抱えながらの独立。もっと講座やコミュニティで学べばよかった

Q―どのような経緯でWebライターを知ったのでしょうか？

小1の壁を知る前に少しだけ副業をしており、そのときにWebライターを知りました。長女が2歳のときに第2子を授かったので、育休中に自宅でできる簡単な仕事をクラウドソーシングサイトで探していました。

そこで見つけた「アンケート回答」の仕事をメインに受注していたところ、ある

クライアントから「アンケート回答ではなくブログ記事を執筆してくれませんか？」と頼まれたんです。その依頼をきっかけにライティングの仕事にも携わるようになり、Ｗｅｂライターの世界に少しだけ足を踏み入れました。

ただ、育休が明けて会社に復帰してからは時間がなく、副業はいったんストップしました。そして目の前に小１の壁が迫ってきて退職を決意したタイミングで、Ｗｅｂライターの仕事を再開したという流れです。

Ｑ―正社員というポジションを捨てることへの不安はありましたか？

はい、不安しかありませんでした（笑）。正社員という立場と安定した年収が保証されているのに、それらをわざわざ手放して不安定な仕事を選ぶわけですから。

でも、生命保険の営業を一生やりつづけたいかと考えてみたら、違うと思いました。いつか退職するなら、今が子どものために最適なタイミングだと考え、決心をしました。

とはいえ、本格的にＷｅｂライターとして活動しても、会社員時代の年収に追いつくのは簡単ではありません。そこで、ストレス発散という名目で自分に与えていたご褒美を減らしたり、お惣菜を買わずにできるだけ自炊して生活費を見直したりしました。

Q――Webライター業は順調でしたか？

正直、順調とは言えませんでした。退職直後は、半年ほど職業訓練を受けてWebマーケティングやデザインについて学びました。でも今振り返ると、もっと案件に応募して、実践経験を積んだほうがよかったと思っています。

また、オンライン講座やオンラインコミュニティをもっと活用すればよかったとも思っています。当時の私はこれらを「怪しいもの」と決めつけていたんです。だから黙々と一人で仕事をこなすだけで、仲間もできないから情報も得られない。どうしても成長スピードは遅くなりますよね。

少しずつ仕事が増えて収入も上がっていますが、目標に定めたレベルにはまだまだ到達していないのが本音です。これからもっとスキルを磨いて、ステップアップしていくしかありませんね。

小学生になった長女が安心して甘えてくれるようになった

Q─Webライターと育児の両立について、何かコツはありますか？

「どうせ自分のペースで物事は進まないのだ」と、あきらめることが肝心だと思います。「午前中は必ず仕事、夕方は子どもと過ごす」のように、スケジュールを固定的に考えがちですが、子育ては予定通りにはいかないもの。急に熱を出して保育園に預けられないこともあります。それはもう仕方がないとあきらめ、流動的に考えています。

その点、ライティングの仕事はスケジュールを自分で決められるので、調整しやすいんですよ。たとえば納期が3日後なら、書くのは今日でも明日でもどちらでもいいですし、朝書いても夜書いてもいい。

疲れていれば休みますし、締め切り間近の案件が増えてきたら深夜まで頑張ることもあります。毎日同じ睡眠時間を確保するのはあきらめましたが、家族の体調不良など、イレギュラーなことが起きても柔軟に対応できるのはいいですね。

もちろん、忙しすぎると気持ちに余裕がなくなるし、仕事が少ないと不安になるので、心身ともにずっと安定しているわけではありません。でも、仕事と家事に追われていた会社員時代に比べると、だいぶ心に余裕ができました。今は長女の帰宅時間に合わせて仕事を中断したり、子どもが寂しそうなときは一緒に過ごしたりできます。

うちの娘は誰とでも仲よくなれる性格ですが、小学校に入学した直後は学校に行きたがらず涙をこぼしていました。こんな予想外の事態でも、登校に付き添ったり、ゆっくり話を聞けたりしたのは、自宅で仕事をしていたおかげです。仕事と育児の両立は完璧ではありませんが、「あきらめるところはあきらめて、大切にしたいことを大切にする」という、我が家なりのバランスを見つけられた気がします。

Q ― お子さんとの関係に変化はありましたか？

長女との距離が縮まったように思います。以前は一人で寝られるような手のかからない子だったのですが、最近では「一緒に寝よう」と言ってきたり、手をつないできたりするようになったんです。もしかするとあの子は、「一緒に寝たいけどお母さんに迷惑をかけちゃダメだ」と、我慢していたのかもしれません。

以前はあまり口にしなかった「これがしたい」「あれが食べたい」といった自分の気持ちも、素直に話してくれるようになりました。あの子がそう言えるようになったのは、私に余裕ができたからだと思います。逆に子どもの寂しい気持ちに気づけなかった頃を考えると、胸が締め付けられる思いです。

子育てにはこれからお金がかかるので、正直不安もあります。でも、自宅で「おかえりなさい」と迎えてあげられる暮らしができているので、全く後悔はありません。

地元を元気にする記事を書いていきたい

Q ― 現在は山梨県の取材ライターとして活動されているそうですね。

はい、今は地域に密着しているメディアや観光メディアなどで、山梨県に関する記事を書いています。現地の住環境やおすすめスポットを紹介する記事も書きますが、移住した方々にインタビューすることもあります。山梨を選んだ理由や、地域の魅力について伺います。

人口減少に悩む地域は多いので、私の記事を読んで移住に興味をもってくれる人がいたらうれしいですね。地域の課題解決に関わることができて、かつ報酬もいただけるのは、地方在住のWebライターにとって大きな魅力です。

また、取材を重ねるうちに、「書く」ことは手段のひとつに過ぎないと気づきました。相手が本当に実現したいことは何か？　それに対して自分はどう貢献できるか？　という視点で仕事を捉えられるようになってきました。だから今後は、地域の中小企業のマーケティングをサポートしたり、地場産業の魅力を県外に発信したりしたいです。それが地元への貢献にもつながると思っています。

Q―子育てをしながら新しい働き方を模索している人へメッセージをお願いします。

小1の壁の不安から目を背けなくてよかったと思っています。会社を辞めることは、収入が不安定になるわけですから大きな決断でしたが、家族との時間を大切にしながら自分の裁量で仕事ができる今の働き方には、他のことに代えがたい価値があります。

何気なくWebライターをはじめましたが、今では取材という形で地域に関わる仕事ができていますし、新しいやりがいにもつながっています。まだ道半ばですが、子どもの成長に合わせて、自分らしい働き方を探す挑戦はワクワクしますね。子育てやキャリアに不安を抱えている人に、私の話がヒントになればうれしく思います。

イレギュラーなことは起こるという心構えをもっておこう

Webライターラボ主宰 中村昌弘より

ミキさんがインタビューでおっしゃっていた「どうせ自分のペースで物事は進まない」という言葉には、深く頷きました。フリーランスや副業ワーカーにとって、この考えは重要だと思います。

Webライターの仕事は、クライアントとの間にディレクターが入るケースもしばしばあります。つまり案件に関わっているのは自分だけではないため、他の人の都合によって振りまわされることがあるのです。

たとえば、「納期の5日前に記事を提出したけどディレクターからはしばらく連絡がなく、納期当日の夕方に修正依頼がきた」なんてことも時々あります。その場合は、なんとか納期を遅らせてもらうか、すぐに修正して提出するしかありません。

これはディレクターの立場でも同じで、ライターが納期に間に合わなかった場合は、自分で記事を書くこともあります。

このように、**仕事相手の都合によって自分が振りまわされることがあるため、「どうせ自分のペースで物事は進まない」という心構えはもっておくといい**でしょう。

なるべく振りまわされないための対策は、余裕をもったスケジュール管理ですね。そのために重要なのは、執筆にどのくらいの時間がかかるかを測っておくことです。

案件ごとにストップウォッチで計測しておけば、記事1本あたりどのくらいの時間がかかるか分かります。それは「受注しすぎ」の防止につながるのです。このあたりは段々と経験則で分かってきますが、早めに測っておくのはおすすめです。

13 2人の子育てを終え、50代から未経験の世界へ挑戦

たーこ（瀬崎 貴子）さん

50代 | 女性 | パートナー、会社員の娘と3人暮らし

▲ 近所で散歩中の亀と遭遇

たーこさんは薬局に勤務していたとき、コロナ禍による客足の激減や時短勤務を経験しました。また、父親の逝去がきっかけで「人生は限られている」と強く実感したそうです。それら一連の出来事の影響で「このまま今の仕事をつづけていいのか？」と考えるようになりました。また、下の娘さんが大学生になり子育てが一段落したこともあり、「新しいことに挑戦したい」という気持ちが強くなったとのこと。そこで色々と副業を模索した結果、Webライターに挑戦することに決めました。

50代からWebライターに挑戦！
好奇心をもってチャレンジすれば
何歳からでもキャリアチェンジできる

2人の娘さんの子育てを終えて、50代からWebライターという新しい仕事をはじめた、たーこさん。それまでは薬局勤務をされていましたが、コロナ禍を機に人生後半戦の過ごし方を考え直したそうです。

最初はツールの使い方すら分からない状態でしたが、果敢にチャレンジをつづけて自分のやりたいことを実現し、キャリアチェンジに成功しました。

そんなたーこさんに、仕事を変えたきっかけやプライベートにおける変化、50代から新しいことにチャレンジするためのマインドについて伺いました。新しい働き方にチャレンジしたい人や、50代でのキャリアチェンジを目指している人はぜひ読んでみてください。

人生後半戦に突入。働き方を見直して
ゼロからキャリアチェンジ

Q―Webライターをはじめたきっかけを教えてください。

コロナ禍による世の中の変化と、子育てが一段落したことや父の死去などが重なって、今後の生き方を考え直したことです。

Webライターになる前は6年ほど薬局に勤務していたのですが、2020年のコロナ禍でお客さんが激減しました。それから時短勤務になるなど働き方が変わってしまったので、「今の仕事をつづけていて大丈夫なのか?」と自分に問い直すようになったんです。

また、下の娘が大学生になって子育てが一段落したことや、父が亡くなって「人生はそんなに長くない」という気持ちが一層強くなったことも、きっかけのひとつです。

50代になると人生は後半戦に入ります。色々と重なったこのタイミングで、新しいことに挑戦しようと決心し、副業でWebライターをはじめました。

Q―最初はどんな案件を受けたのでしょうか？

はじめて受注した案件は、クラウドソーシングサイトで見つけた「宅地建物取引士の資格に関する記事」の執筆でした。私は宅建の資格をもっているため、その経験が活かせると思ったのが応募した理由です。

記事を書くこと自体がはじめてだったので、文章の執筆や画像の選定、入稿などに時間がかかってしまいました。報酬は「これで仕事になるの？」と、今思うと心配になるくらいの金額だったと思います。

Q―その後はどのような案件を受注したのでしょうか？

特定のジャンルに絞らず、自分の経験を活かせそうな仕事に挑戦しました。たとえば、セミナーの音源をWeb記事に書き換える仕事などですね。Webライターや SNS運用についてのセミナーだったので、自分の実体験を書けると思って応募しました。

他には、経理や簿記の本を読んで内容を要約したり、図解をつくったりする案件も請け負いました。この仕事では、自分がもっている簿記の知識を活かすことができましたし、今まで利用したことがないツールも使えるようになりました。手を動かしていくうちに、自分のスキルが上がっていくのを感じられてうれしかったです。

それからほどなくして「もっと幅広い仕事に挑戦して新しいスキルを身につけたい」という気持ちが強くなったので、思い切って薬局を辞めて専業ライターになりました。

やりたいことに挑戦して、家族との関係も良好になった

Q ― 専業ライターになって不安はありませんでしたか？

子育てが一段落したタイミングだったので、そこまで不安はありませんでした。

子どもが大きくなるまでは「学費や養育費を稼がなければ」という一心で、固定収入が得られる仕事につくべきだと考えていました。

でも子育てを終えた今は、収入よりも「自分がやりたいこと」を軸に活動できています。専業ライターになると決めたときも、不安よりワクワクする気持ちのほうが大きかったです。

今は、自分が新しい仕事に挑戦することで家族にいい影響を与えられているように思います。家族に「今はこんな仕事をしているんだよ」とよく話すのですが、そのたびに「また新しいことに夢中になってるんだね！」と言われます。子どもたちに「何歳でも新しいことにチャレンジできる」というメッセージを伝えられている気がして、うれしいですね。

Q――どんなことに苦労しましたか？

仕事に必要なツールをほとんど使ったことがなかった点です。Ｗｅｂライターは Ｇｏｏｇｌｅドキュメントや Ｇｏｏｇｌｅスプレッドシートといったツールを使いますが、私は今まで簡単なパソコンの操作しかしてこなかったので、最初は戸惑いました。
でも、ネットで調べたり周りの人たちに教えていただいたりしたおかげで、ひとつずつ疑問を解消できました。今の時代、やり方はいくらでも調べられるので、まず飛び込んでみる精神が大事だと感じた出来事です。

Q―Webライターになって働き方はどのように変わりましたか?

基本は在宅ワークなので、時間の融通が利くようになりました。仕事の隙間時間に家事をしたり、体調が悪いときは長めに休憩したり、自分の都合に合わせてスケジュールを組めます。薬局勤務に比べると、Webライターは自由度が高い上にスキルアップを感じやすい仕事です。
ただ、当たり前ではあるのですが、自分の思い通りにいかないことも多々あります。たとえば、納期が重なってしまったときは焦りますし、注力したい案件が見つかってもクライアントの都合で契約終了となってしまうこともあります。

そのため、自分のパフォーマンスが高い時間帯を把握してスケジュールを組むことや、日頃からクライアントと信頼関係を構築しておくことが重要です。

また、薬局勤務をしていたときに比べると「学ぶ姿勢」も変わりました。最近はライターの世界でもＡＩの存在感が増してきたこともあり、今までよりも変化が激しくなっています。この業界で働きつづけるためには、依頼を受けて手を動かすだけではなく、新しい知識を学びに行く姿勢も大切だと思います。

新しいことにどんどん挑戦しよう！
50代の人に向けたエール

Q — 次はどんなことに挑戦したいですか？

色々な人たちにインタビューしたいと思っています。以前、あるライターさんの文章講座を受けたときに、「人の生き方」に興味をもつようになりました。

私の家族や友だちは、みんなそれぞれ違う人生を歩んでいて、面白いエピソードや表面上には出てこない葛藤をもっています。特に私と同じ世代の人は、親の介護や自身の健康問題などを抱えている人が多いです。友だち同士だとこういう話は積極的にはしないので、ライターとして彼ら彼女らの生き方をインタビューしたいと思っています。

Q――50代からWebライターとして頑張りたい人は、何が重要だと思いますか?

好奇心をもつことです。私のように年齢を重ねてからWebライターになると、若い人たちの文化に馴染む必要があったり、最先端のツールを常にチェックしたりと、戸惑うこともあります。そんなときに「知らないことだから避けよう」とは思わず、「仕事にどう活かせるかな?」と好奇心をもてば〝自分ごと〟にできます。

私は何も知らない状態からWebライターをはじめましたが、できることをひとつずつ増やしていったら自信がもてました。その自信が、挑戦するときの原動力になっています。

Q―たーこさんと同じように、50代からキャリアチェンジしたい人に向けてアドバイスをいただけますか。

「歳を重ねて体力がなくなってきた。これから働くにしても、パートやアルバイトしか選択肢がない」と考えている50代の人はたくさんいると思います。私もその一人でした。

でも実は、歳を重ねると有利に働くこともあります。たとえば自分の知識や経験が増えてくるので、それが活きるシーンも増えてきますよね。私でいうと、宅建の資格や簿記の知識などがWebライターの仕事に役立ちました。それに歳を重ねるほど、仕事や子育て、介護など、様々な経験を積んで忍耐強くなっていると思うんですよ。その忍耐強さがあれば、新しい業界でも果敢に行動できます。

私は純粋な好奇心だけで、未経験からWebライターになりました。何も知らない状態でしたが、思い切って飛び込んでみたら「自分でもできることがある」と思えるようになりました。昔の私と同じように悩んでいる人がいたら、ぜひ恐れずに挑戦してみてほしいと思います。

好奇心をもたないと遅れを取る

Webライターラボ主宰　中村昌弘より

Webライターラボには40代～50代のライターも多く在籍しています。その中で、たーこさんのように活発に活動されている人は「好奇心旺盛」という共通点があります。

たとえば、コミュニティ内に投稿されたライター募集にいち早く手を挙げたり、オフ会のスタッフ募集にすぐ反応してくれたりと、「興味がわいたらやってみる」という精神をもっている印象です。この精神の重要性は、AIを例に挙げると分かりやすいでしょう。

Webライターであれば、AIを扱うことは今や必須です。どこまで利用するかは人によって異なりますが、少なくとも情報をキャッチしておくことはマストと言えます。新しいテクノロジーなので、面倒くさがって触らない人もいますが、これは非常に危険です。なぜなら、ＡＩを利用している他のＷｅｂライターに、記事を書くスピードや質において差をつけられるからです。

でも好奇心旺盛な人は大丈夫。**新しいツールが出てきたら「とりあえず触ろう」と思うため、自然と他の人との差別化につながっています。**

もうひとつ例を挙げると、オンラインコミュニティのオフ会もそうですね。

読者のみなさんはオフ会に参加したことがあるでしょうか？　多くの人がＮＯと答えると思います。

フリーランスや副業ワーカーにとってオフ会は必須参加ではありませんが、同業者との交流は重要です。参加すれば何かしら得るものがあるでしょう。だから好奇心をもって飛び込める人は強いのです。

これからもＡＩは発達していきますし、別のテクノロジーが台頭するかもしれません。それをキャッチアップするのはフリーランスや副業ワーカーの仕事のひとつと言えます。好奇心をもって取り組みましょう。

あとがき　一次情報に触れよう

「現代人が1日に触れる情報量は江戸時代の1年分、平安時代の一生分」

一時期、SNSで話題になった投稿です。明確な根拠がないので真偽は不明ですが、僕は納得しました。今の時代、本当にそのくらい情報が溢れていると感じるからです。

試しに「Webライター　はじめ方」とググッてみたら、1億件を超えるサイトがヒットしました（2025年1月時点）。Google検索以外に、YouTube、X、TikTok、Instagram、書籍、新聞、雑誌など、情報を得る方法は多数あり、これらすべてで検索したらヒットするコンテンツはさらに増えます。

しかし、それらは玉石混淆《こんこう》であり、質の低いものも混じっています。イマイチな情報をつかんでしまったら、進むべき道を間違ってしまうかもしれません。

そんな状況で、何を基準に取捨選択すべきか？　そのひとつとして挙げられるのが「一次情報」です。

たとえば、ライターをはじめる方法について知りたいなら、実際にライター業で生計を立てている人の話を聞くことがベストでしょう。体験していないと分からないことは多々ありますからね。そういう生々しい情報にこそ価値があります。

お気づきの通り、本書はまさにそれです。一次情報の塊みたいな本をつくりたいと思い、形にしました。

本書がきっかけでＷｅｂライターを目指そうと思ってくれたなら、今後もなるべく一次情報に触れるようにしてください。具体的には、ＳＮＳなどを活用して、先輩ライターと積極的に交流してみるといいでしょう。それから徐々に交流の輪を広げていくイメージです。まずは小さい一歩からはじめてみましょう。

本書があなたの挑戦を後押しできればうれしい限りです。いつの日か、同じライターとしてお会いできる日を楽しみにしています。

中村　昌弘（なかむら　まさひろ）
約1500名（2025年1月現在）のメンバーが在籍する、オンラインコミュニティ「Webライターラボ」の運営者。株式会社なかむら編集室代表取締役。1985年生まれ埼玉県出身。2016年2月に独立し、複業としてWebライターをはじめる。メンタリストDaiGo氏書籍、堀江貴文氏のnoteなどの編集協力ほか、テレビプロデューサー、お笑い芸人への取材、大手企業のインタビューまで幅広く活動している。著書に『経験ゼロから確実に稼げるようになる　Webライターフリーランス入門講座』（ソーテック社）がある。

X（中村昌弘）：@freelance_naka
X（Webライターラボ）：@webwriter_lab

書《か》くことを仕事《しごと》にして自分《じぶん》らしく稼《かせ》ぐ13の方法《ほうほう》
ライターとして生《い》きていく

2025年2月26日　初版発行

著者／中村《なかむら》　昌弘《まさひろ》
編著／Web《ウェブ》ライターラボ
発行者／山下 直久
発行／株式会社 KADOKAWA
〒102-8177　東京都千代田区富士見2-13-3
電話 0570-002-301（ナビダイヤル）

印刷所／大日本印刷株式会社
製本所／大日本印刷株式会社

お問い合わせ
https://www.kadokawa.co.jp/（「お問い合わせ」へお進みください）
※内容によっては、お答えできない場合があります。
※サポートは日本国内のみとさせていただきます。
※ Japanese text only

定価はカバーに表示してあります。

ISBN978-4-04-607441-6　C0034